Robert Lucas Sanatanas

Obdachlos

Robert Lucas Sanatanas

OBDACHLOS

Porträts vom Leben auf der Straße

HERDER

FREIBURG · BASEL · WIEN

MIX
Papier aus verantwor-
tungsvollen Quellen
FSC® C083411

© Verlag Herder GmbH, Freiburg im Breisgau 2016
Alle Rechte vorbehalten
www.herder.de

Satz: Layoutsatz Kendlinger Mediendesign
Herstellung: CPI books GmbH, Leck

Printed in Germany

ISBN 978-3-451-31327-1

Inhaltsverzeichnis

S. trifft immer die Falschen – eine Einleitung

Draußen ist man schneller, als man denkt

Unser »Drin« ist uns etwas wert. Was immer wir unter Drin zu verstehen wünschen, es gilt uns als ein wichtiger Bestandteil unserer Sicherheiten. Wir verteidigen unser Drin, das ist für uns ebenso selbstverständlich, wie wir unsere Wege nach »Draußen« als freiwillig empfinden möchten. Wenn das, was wir mit Draußen meinen, uns Verlockung bietet, uns Hoffnung macht, Nutzen erahnen lässt, dann gehen wir dafür hohe Risiken ein. Wir investieren Zeit in Träume, Geld in Forschungsprojekte.

Jenes Draußen aber, das Ihnen hier über mehrere Kapitel hinweg begegnen wird, entspricht möglicherweise nicht unseren Sehnsüchten und Wünschen. Sie erfahren etwas über Obdachlose, Berber und Penner, lesen von Dieben, Arbeitssklaven und Betrügern, von Sektenmitgliedern, Schmugglern und Dealern. Von den kleinen Göttern und Gebietern wider Willen und ihren oft so grotesken Balanceakten am Rand der Gesellschaft. Von denen, die gerade vorhin in der Straßenbahn neben Ihnen gestanden haben könnten.

Statistisch gesehen sind Obdachlose überwiegend männlich, arm, über vierzig Jahre alt, ungebildet, nicht gesund, unsauber und selbst an ihrer Situation schuld. Unser derzeitiges Bild vom Repräsentanten des Draußen ist der alte, kranke, schmutzige, dumme und schuldige Mann.

Ich bin männlich und über vierzig Jahre alt. Ich besitze nur wenig Geld, habe keinen Universitätsabschluss, keine abgeschlossene Berufsausbildung und kein Abitur. Wie allerdings ein Statistiker schlüssig nachweisen könnte, dass ich an meiner Situation selbst schuld sei, bleibt mir ein Rätsel, das nichts mit meiner geringen Bildung zu tun haben dürfte. Über meinen Gesundheitszustand kann man geteilter Meinung sein. Von »Hab Dich nicht so« bis »Kümmere Dich endlich um Dich selbst, statt dicke Bücher über andere zu schreiben« höre ich einiges. Ob ich schmutzig bin? Das überlasse ich Ihrer Vorstellung.

Zuerst wollte ich ein äußerst intelligentes Vorwort für Sie schreiben. Es sollte pfiffig und sarkastisch daherkommen und Sie gleich auf der ersten Seite mitfühlend für mich einnehmen. Schließlich war ich viereinhalb Jahre im Gefängnis, sechs Jahre in einer Sekte und elf Jahre auf der Straße – in dieser Reihenfolge.

Weil wir jedoch bei den Charakteren, die uns gleich begegnen werden, hauptsächlich Originalton lesen werden, habe ich mich entschlossen, Ihnen auch die Originalversion der Entstehungsgeschichte dieses Buches anzubieten. Sie ist kurz, wahr und Sie wollen sie bitte als Einleitung gelten lassen.

Ein Sachbuch darüber, wie sich etwas anfühlt? Gefühle sind ihrer Natur nach nicht sachlich. Auch sind die Menschen von Draußen keine Sachen.

Es reicht auch nicht aus, für einige Zeit so zu tun, als wäre man einer von Draußen, wie es ein Journalist versucht hatte, der nach einigen anstrengenden Erlebnissen unter Pennern und Strolchen im Krankenhaus landete, ohne seine Aufklärungsschrift vorher beendet zu haben.

Sein Ghostwriter wollte ich nicht sein – das hatte man mir wegen meiner Vielzahl an »authentischen Erfahrungen« ernsthaft angeboten. Ich hörte mir erstaunt zu, als ich das Angebot ablehnte.

»Ach wissen Sie, nein, ich war lange genug Ghost, und wenn ich nicht so schreiben darf, wie ich es auch erlebt habe, dann suchen Sie sich besser ein anderes Gespenst.«

Ich wollte von meinen eigenen Erfahrungen und vor allem von meinen Begegnungen mit anderen Wohnungslosen erzählen.

In der Arbeit zu diesem Manuskript habe ich eine Menge Bücher und Artikel über Obdachlose gelesen. Besonders spannend war für mich, dass alle gewissermaßen auch von mir zu sprechen vorgaben. Und fast ausnahmslos sagten sie mir letztlich gar nichts. Sie strotzten vor ernsten Zahlen und hölzerner Redlichkeit, und von sich wissenschaftlich oder betroffen gebenden Erläuterungen und Schlussfolgerungen.

Es ist jedoch meine Erfahrung, dass man sich Theorien umso stärker verweigert, je weniger unterhaltsam sie uns begegnen. Ein Ausweg aus dem Streit zwischen nötiger Moral und wichtiger Unterhaltung war für mich, meinen Begegnungen möglichst viel Platz für originalen Text einzuräumen.

Der kluge Erich Fromm meinte einmal, das meiste Tun des Menschen ziele darauf ab, der Geisteskrankheit und der Heimatlosigkeit zu entfliehen.

Obwohl es diesen beiden Begriffen nicht umfassend Genüge tut, können wir sie als zwei Arten der Obdachlosigkeit wahrnehmen: Die Heimatlosigkeit als eher materieller Mangel an Obdach und Schutz, die Geisteskrankheit als eine spirituelle Obdachlosigkeit.

Ich habe Heimatlose erlebt, die sich sehr erfolgreich gegen den Wahnsinn zur Wehr zu setzen wussten. Ich habe aber auch Menschen unter exklusivem Obdach getroffen, in denen der finsterste Irrsinn wütete. Gesunde Geister in kranken Körpern, ebenso wie verwirrten Geist umhüllt von strotzender Gesundheit. Am schwierigsten jedoch waren die Zusammentreffen mit jenen, die weder ihren Körper noch irgendeinen behütenden Wohnraum als Heimat zu bewahren vermochten, und die noch dazu deutliche Anzeichen schwerer, psychischer Störungen zeigten.

»Und vergessen Sie nicht, uns am Ende zu erzählen, wie Sie es selbst geschafft haben, von Draußen wieder reinzukommen, nach oben!«, rieten mir ein paar Leute, denen ich von meinem Vorhaben erzählt hatte. Es war nett gemeint, und es schwang sogar eine kleine Bewunderung in ihrer Frage mit. Vielleicht wollten sie von einer mächtigen Kraftanstrengung hören, von Disziplin, einem Willensakt. Nichts von dem war es.

Es war nötig.

Hottes Mühlen mahlen langsam

Draußen ist es so spät Du willst

»Viel Wissen ist dazu nicht nötig! Du darfst nur nicht am Paradox verzweifeln, das ist schon alles!« Horst ist ein Erfinder. Und ein Zeitreisender. Er reist mit seiner eigenen Zeitmaschine.

Horst hat sich von mir in ein kleines Café in Berlin-Mitte einladen lassen, eines der letzten dort, in denen man noch rauchen darf. Horst qualmt gewaltig, raucht die filterlosen Zigaretten bis zu seinen nikotingelben Fingerspitzen herunter.

»Also, stell Dir vor, ich sitze jetzt in meiner Maschine«, sagt er, »und ich fahre damit um ein Jahr zurück.«

Am Zeitort seiner Ankunft gibt es nun zwei Horsts und eine Maschine. Jetzt lädt der »Maschinenhorst« den »Vergangenheitshorst« in seine Kiste und reist mit diesem um ein weiteres Jahr zurück. Zwischenrechnung: Drei Horsts, eine Maschine. Die drei fahren nun gemeinsam wieder ein Jahr nach vorn, und zwar genau dorthin, wo die zwei Horsts gerade mit einer Maschine um ein Jahr zurück in die Vergangenheit reisen wollen: fünf Horsts und – siehe da – bereits zwei Maschinen.

Bei viertausend Horsts und rund achthundert Maschinen gebe ich auf. Horst ist noch kein bisschen durcheinander. Als mein persönliches Zwischenergebnis verbuche ich indes die Rechnung für vier Kaffee und vier Whisky plus einer Schachtel »Camel ohne«.

Wie lange Horst M. bereits obdachlos ist, weiß er nicht mehr genau zu sagen. Geboren ist er jedenfalls im späten vierundzwanzigsten Jahrhundert, aber die meiste Zeit seines Lebens, so ab dem sechzehnten Lebensjahr wohl, hat er im achtzehnten Jahrhundert zugebracht. In Weimar hauptsächlich, was auch der Grund ist, weshalb er sich so gut mit Goethe auskennt. Die beiden waren ziemlich dicke Kumpels.

Oft weiß Horst etwas schon kurz bevor es dann wirklich geschieht; das ist für ihn enorm belastend, wie er sagt. Denn wenn die Regierung davon erführe, oder auch bloß die Polizei, dann würde man ihn für eine Menge Unglück zur Verantwortung ziehen, das sich in seiner Nähe ereignet – schließlich habe er es ja vorher gewusst und nicht verhindert.

»Sieh mal, die Häuserecke da«, sagt er, »dort wird in etwa fünfzehn Sekunden eine junge Frau erscheinen, mit einem dunkelrotem Charlestonkäppchen. Und an einer Leine wird ein Cockerspaniel vor ihr herlaufen.«

Gespannt starren wir beide dorthin. Minuten verstreichen. Frau und Hund kommen nicht. Horst ist unbeeindruckt; manchmal liegt es einfach an der Gegend. Er wird jetzt mit mir nach Neukölln fahren, dort liegen in einer alten Laube, wo er übernachtet, seine Beweise. Schriftliche Beweise.

Früher einmal hat Horst M. sehr schöne Erfindungen gemacht. Eine Gießkanne in Elefantenform für Kinder, eine Brieftaschenbeleuchtung mit LED-Lämpchen für Nachtclubkellner, die in den Berliner Clubs groß in Mode kam. Später driftete er ein wenig ab, versuchte das künftige, aus wachsendem Ressourcenmangel entstehende Ernährungsproblem der Menschheit dadurch zu lösen, dass man neun Zehntel der Erdbevölkerung auf Streichholzgröße schrumpfen sollte. Und dann erfand er eben auch die Zeitmaschine – das heißt, eigentlich war er ja mit einer solchen bereits hier angekommen, aber dann hat sie ihm so ein Verbrecher geklaut, und so musste er sie neu erfinden. War ordentlich Arbeit.

Obwohl die Zeitmaschine ganz einfach und vor allem preiswert zu bauen ist – viel leichter und billiger als zum Beispiel ein Auto –, hatten sich weder Volkswagen oder Mercedes noch das Fernsehen und auch kein wissenschaftlicher Verlag für sein Angebot interessiert, schimpft Horst M.

Nicht einmal die Obdachlosenzeitung, obwohl sie dort sogar Märchen abdruckten. »Harry Potter haben sie genommen! Und mich haben sie gefragt, ob ich ihr dämliches Käseblatt nicht auf der Straße verteilen will! Wer bin ich denn?!«

Tatsächlich hatte die Autorin Joanne K. Rowling im Jahre 2003 den Straßenzeitungen weltweit gestattet, das erste Kapitel ihres neuesten »Harry Potter«-Bands noch vor dem offiziellen Erscheinungstermin gebührenfrei abzudrucken; achtzehn deutschsprachige Straßenzeitungen beteiligten sich.

2010 betrug die monatliche Gesamtauflage der Obdachlosenzeitungen in Deutschland bereits geschätzte zweihundertachtzigtausend Exemplare. Harry Potter ist eindeutig mit Schuld daran, dass man nicht mehr in Ruhe U-Bahn fahren kann, inzwischen steigen jetzt schon an jeder zweiten Station ihre Verkäufer ein.

»Guten Tag, meine Damen und Herren, mein Name ist Ralf, ich bin seit einem Jahr obdachlos, und damit ich heute einen Schlafplatz bekomme und auch weiterhin gepflegt vor Ihnen

erscheinen und diese Zeitung verkaufen kann, die von Obdachlosen gemacht ist, bitte ich Sie um eine kleine Spende oder um
ein bisschen was zu essen.«

»Dem nichts geben, guck auf die Unterarme!«, zischt Horst.
Er meint, die kleinen braunen Flecken dort rührten von Nadel-
stichen her. Ob Ralf einer von den Ehrlichen ist, kann man nicht
herausbekommen, aber sein automatisch geleiertes Mantra
trägt ihm nicht viel ein.

Am Hermannplatz steigt einer zu, der wüst und abgerissen
aussieht. »Tach die Herrschaften, Sie haben heute bestimmt
schon viele Betteleien über sich ergehen lassen müssen? Ich will
Ihnen keine Zeitung aufdrängeln und es Ihnen einfach machen:
Ich hab Pech gehabt, meine Freundin ist auch weg, und ich
brauch dringend ein bisschen Kohle für das Allernötigste – wie
wär's? Sie vielleicht? Oder Sie?« Erleichtertes, gutmütiges Ge-
lächter und viele Münzen, die in den zerknitterten Kaffeebecher
fallen.

Obdachlosenzeitungen haben eine gewisse Tradition. Einen
Vorläufer gab es bereits 1987 mit den »Berberbriefen« in Bayern,
bevor zwei Jahre darauf in New York die »Street News« folgten
und wieder zwei Jahre später John Bird mit »The Big Issue« in
London die erste Straßenzeitung Europas gründete. »The Big
Issue« wurde zum Vorbild für die inzwischen unzähligen Ob-
dachlosenblätter in Europa. Als erste deutsche Straßenzeitung
erschien 1992 in Köln der »Bank Express«, in Hamburg folgte
»Hinz und Kunzt«, in München »BISS«.

Es gibt Originale und Fälschungen. Angehörige ethnischer
Minderheiten sind im vorigen Jahr monatelang mit einer Zei-

tung namens »Straßenträumer« durch die Großstädte gezogen, zwei Euro haben sie pro Exemplar abkassiert, und nichts als lauter Mist stand drin – aus Kochbüchern herauskopierte Rezepte für Schweinebraten, halbe Artikel aus »Wikipedia«. Die Zeitung ist mittlerweile verboten.

In einem verwahrlosten, kleinen Park in Neukölln zeigt mir Horst M. seine Dokumente. Er entfernt die alten Einweckgummis von ein paar Notizheften.

»Um das hier zu verstehen«, sagt er, »brauchst Du nicht mehr als das Physikwissen aus der siebten Schulklasse – einer Schule der Gegenwart versteht sich.«

Was da in Horsts abgegriffenen Heftchen zu lesen ist, geschrieben mit einer erstaunlich klaren, steilen Schrift in winzigen Buchstaben, beeindruckt allerdings.

Als erstem hatte Horst seinem ehemaligen Physiklehrer im vierundzwanzigsten Jahrhundert seine Idee mit der Zeitmaschine präsentiert.

»Vergessen Sie's! Ich habe Familie!«, soll der Lehrer damals ängstlich kommentiert haben.

Es stehen noch andere Erfindungen in Horsts Tagebüchern, und die sind so freundlich und praktisch wie seine kleine Elefantengießkanne und das Nachtlicht für Zahlkellner. Wissenschaft von unten – sie hat keine Plausibilitäts-Lobby.

Es ist überliefert, dass in den alten vedischen Gesellschaften zur Ausbildung von Wissenschaftlern und Priestern Wanderjahre gehörten, während derer das »learning from mad men« einen hohen Stellenwert einnahm. Die Lernenden hatten sich Wahnsinnigen und Besessenen in äußerst demütiger Haltung zu nähern und ihnen monatelang zu dienen, um zu den Quellen solch fremdartigen Wissens vorzudringen.

Ich bin zurück im Café, und noch stundenlang lese ich in Horsts Heften. Manchmal sind es schier undurchdringliche Texte; anderes könnte einigen interessant vorkommen.

Ringsumher wirkt alles wieder normal, bundesdeutsche Gegenwart. Neben meinem Tisch wechseln die Gäste. Es wird bereits Abend, als mich eine Frau nebenan mit dunkler, angenehmer Stimme nach dem Milchtopf fragt. Ich zucke zusammen – die Frau trägt ein rotsamtenes Charlestonkäppchen, an meinen Schuhen schnüffelt friedlich ein kleiner, freundlicher Cockerspaniel.

Die Rita der Tafelrunde

Draußen ist Vivaldi eine Qual

Seit 2008 ist der ehemalige Dreher Thomas K. obdachlos, erst in Hamburg, später in Berlin, dann hat er es in einigen anderen Großstädten versucht. Jetzt ist er in Leipzig. Sein Klein-Paris, das lobt er sich, hier verdient er mit seinem Pappschild hinter dem Plastikbecher ganz gut.

»Hier, lies mal, kommt aus Berlin: ›Beamte der Bundespolizei sollen unschuldige Obdachlose im Ostbahnhof und im Hauptbahnhof mehrfach widerrechtlich angezeigt haben. Mit dieser Praxis wollten sie die Erfolgsbilanz ihrer Inspektionen beschönigen. Die Polizisten hofften damit auf eine schnellere Beförderung. Die Bundespolizei bestätigte am Sonntag die Vorwürfe gegen die Mitarbeiter. ›Der Spiegel‹ hatte darüber bereits in seiner neuesten Ausgabe berichtet. Mittlerweile ermittelt das Landeskriminalamt gegen mehrere Verdächtige aus der Inspektion Ostbahnhof, weil sie unter anderem Unschuldige verfolgt haben sollen. Bei den Anzeigen ging es mal um angebliche Sachbeschädigung, mal um angeblichen Diebstahl, eine Rangelei oder um die Aufenthaltsermittlung eines Obdachlosen. Auch sollen Ausländer beschimpft und beleidigt worden sein.‹

Ich war auch mal eine Weile auf dem Bahnhof. In Hamburg, dann haben sie angefangen, dort den ganzen Tag Frühling, Sommer, Herbst und Winter zu spielen, die ›Vier Jahreszeiten‹

von Willi Waldi, immer rauf und runter. Vivaldi und kein Dach überm Kopf, das hältst Du im Kopf nicht aus.

Dabei waren unsere Gespräche dort ganz sicher nicht weniger intelligent und unsere Themen genauso aktuell wie etwa die großbourgeoisen Kommentare zu Artikeln in der ›FAZ Online‹. Und eine ordentlich mit Mutterwitz durchsetzte Sprache wirkt neben dem satten Gesülze der Etablierten sehr, sehr erfrischend. Na ja, auf dem Bahnhof pufft die Lok – unterm Bahnhof lockt der Puff.

Heute legt man Bahnhöfe bereits architektonisch so an, dass ein Zuhausegefühl gar nicht erst entstehen kann. Wagner hätten sie spielen sollen.«

Die Begegnung mit der deutlich sichtbaren Obdachlosigkeit stellt unsere eigenen Pläne und Ziele in ernste Frage. Ist es gleich, ob wir sie für Leute halten, die unsere Standards nicht erreichen können, oder für Leute, die ihre Gründe haben, das, was wir für bewahrenswert halten, auf keinen Fall erreichen zu wollen? Bequemer ist immer der erste Fall, und in dieser Bequemlichkeit liegt die Versuchung der Verallgemeinerung.

Sehen wir nur am schlechten Beispiel, wie gut wir doch sind? Sind unsere Errungenschaften Siege über die Bedrohung, selbst einmal so auftreten zu müssen wie jene, deren kümmerliche Performance uns in den seltensten Fällen anziehend erscheint? Besser wäre es, denn unsere uns so wertvoll erscheinenden Bedürfnisse und Angewohnheiten müssten wir ansonsten hinterfragen. Das, was uns lieb und selbstverständlich erscheint, zeigte uns sonst vielleicht eine ungewohnte, recht gefährliche Seite.

Spirituelle Obdachlosigkeit kann man nirgendwo einklagen, es gibt keine Sozialhilferegelungen für mentales Verlorensein, kein himmlisches Hartz IV, und genauso wenig kennen wir Gesetze gegen geistige Kriminalität.

Die Sache mit der Musik, meint Thomas, hat ein KZ-Arzt erfunden. »In Guantánamo durften die Gefangenen in ihren Zellen vierundzwanzig Stunden lang Hardrock in Überlautstärke hören.«

Seit Weihnachten 2011 lebt Thomas K. nun in Leipzig. Täglich sitzt er schweigend an verschiedenen belebten Plätzen in der Innenstadt, vor ihm sein Pappschild, auf dem ein profanes: »Ich habe Hunger!« steht. Wenn eine Münze klimpert, nickt er dankend. Thomas K. erzielt einen passablen Stundenlohn.

»Den Hartz-IV-Satz hole ich locker rein, über den Monat«, sagt er.

Heute begleite ich Thomas, er möchte zu Rita. Rita G. hat sich als Prostituierte auf Obdachlose spezialisiert, erklärt Thomas. Eine »Discountnutte«, wie er sie nennt, die jeden Mittwoch zwischen sechs und acht Uhr abends mit ihrem Notizheft an einem bestimmten Platz zu erreichen sei, zur Terminabsprache für solche Männer, die kein Telefon haben.

Auf dem Weg zu Ritas Altbauwohnung im Zentrum der Stadt erzählt er, dass sich in den letzten Jahren so vieles geändert habe, auf der Straße. Ein Gewaltpotenzial sei entstanden, das er sich früher nicht einmal vorstellen konnte. Die Bevölkerung fühle sich inzwischen bedroht und verhielte sich ganz anders, als noch vor kurzer Zeit. Das wiederum würde dazu führen, dass sich manche Obdachlose noch stärker unterbewertet fühlten und dadurch immer öfter aggressiv reagieren würden. Auch untereinander seien die ohne Wohnung viel feindseliger geworden. So verschlechtere sich die Lobby der Obdachlosen immer weiter.

Weshalb Frauen wesentlich weniger oft von Obdachlosigkeit betroffen seien? »Ach, Frauen sind oft auch nur einen Mann weit von der Straße entfernt«, erwidert Thomas K., und dass Frauen nicht selten ihnen widerwärtige Beziehungen, sexuelle Verfügbarkeit und Gehorsam oft viele Jahre lang allein deshalb in Kauf nähmen, um bei einem Mann unterzukommen und nicht auf der Straße leben zu müssen.

Rita G. winkt ab, als sie nach ihren Preisen gefragt wird. Sie möchte »Discountnutte« nicht mehr hören, obwohl sie den Begriff gleich nach dem Mauerfall selbst erfunden hatte. Heute fühle sie sich mit der Bezeichnung »Geschäftsfrau« durchaus wohler. Würde die DDR noch existieren, sagt sie, wäre sie weder Prostituierte geworden, noch gäbe es Obdachlose.

»Allein schon, wenn eine Frau als HWG bekannt war, hatte man ein Auge auf sie!«, erzählt Rita. »Und wenn jemand nur ein paar Wochen nicht arbeiten gegangen ist – zack, gab's den ›Zweineunundvierziger‹.« Der »Assi«-Paragraf 249 des Strafgesetzbuchs der DDR stellte »Arbeitsscheu« als »asoziales Verhalten« unter Gefängnisstrafe von bis zu zwei Jahren.

»Auf der Straße leben, gar ohne Personalausweis? Das haste zwei, drei Tage lang gemacht, Kleiner, dann bekamst Du wieder geregelte Mahlzeiten. In der Untersuchungshaft.« Rita G. redet lange – in singendem Sächsisch – über das fast völlige Fehlen von Prostitution in der DDR.

»Das älteste Ventil der Welt gab's einfach nicht! Wir Frauen mussten die Frauen- und die Hurenrolle zugleich spielen, was für ein Experiment, dieser Sozialismus! Besonders für die Frauen!«

Als Thomas K. aus ihrer Dusche kommt und Rita ihn resolut einmal im Kreis dreht und dabei prüfend betrachtet, erklärt sie, dass zu ihren Dienstleistungen immer zwei Euro für Dusche und Handtuch dazukommen.

»Ach ja, HWG – das hieß ›häufig wechselnder Geschlechtsverkehr‹ in der DDR, dem Land der Abkürzungen.« Gleich nach der Wende habe sie selbst auch lange keine feste Bleibe gehabt. Und jedes Mannsbild verdiene mal eine halbe Stunde Erholung in einem vernünftigen Frauenzimmer, da halte sie es mit der wegelagernden Bagage ebenso wie mit jedem beliebigen anderen Menschen.

»Und Menschen sind wir schließlich alle – nur darauf kommt es an.« Rita nimmt Thomas mit in ein angrenzendes Zimmer, von dem ich durch den Türspalt nur ein Bett mit einer Menge Plüschtiere gesehen habe. Ich bekomme einen abgewetzten, kleinen Sessel in der geräumigen Küche zugewiesen, daneben ein niedriger Tisch mit Illustrierten und Zeitungen, keine davon aktuell.

Später sitzen Rita und ich wieder in ihrer Küche und warten auf Thomas. Sie hat uns dünnen Kaffee gekocht. Im Hinterhof flötet eine Amsel. Rita G. erzählt aus ihrer DDR-Zeit. Drei Schwestern, acht Klassen Schulbildung, eine Ausbildung als Fachverkäuferin für Fleisch- und Wurstwaren abgebrochen.

»Lieber sind wir DDR-Bands hinterhergefahren, über die Dörfer, wo sie in alten Tanzsälen ihre Konzerte gaben. Manche konnten die ›Stones‹ besser nachsingen, als die selbst je gesungen haben.«

Verhaftet wegen »asozialen Verhaltens«, achtzehn Monate Frauengefängnis Hoheneck, acht Stunden am Tag Bettwäsche nähen, »für den Export ins NSW«, ins Nichtsozialistische Wirtschaftslager. Ein paar Ausreiseanträge habe sie gestellt, aber die seien alle ignoriert worden, und so sei sie eben geblieben.

Nein, von sich selbst erzählten ihre Kunden eigentlich nichts, aber das müssten sie auch gar nicht. Rita hat Menschenkenntnis und kann Schicksale in Gesichtern studieren. »Und nicht nur in Gesichtern, Kleener!«

Thomas G. kommt in die Küche und kneift hinter Ritas breitem Rücken verschwörerisch ein Auge zu.

»Zeig mal her!«, begutachtet ihn Rita. »Gekämmt? Hut, Stock, Regenschirm? Na dann ab mit Euch, Ihr beiden!«

Ob sie schon einmal erlebt hätte, dass einer ihrer Kunden wieder »hochgekommen«, also einer von Draußen wieder einer von Drin geworden wäre?

»Nie!«, sagt Rita G., mit Überzeugung. Und ruft uns in den kalten Treppenflur nach: »Drin, draußen, rein, raus – ist doch alles dasselbe, oder?«

Mit Thomas sitze ich anschließend in einem Café am Leipziger Ring. Er redet über Rita, über ihrer beider untergegangenes Land.

»Das, was buddhistische Mönche mühsam trainieren, um die Ewigkeit zu erreichen, die Auffindung eines genauen Gegenteils, das ›Gegengift‹ für als zu belastend empfundene Situationen, um das innere Gleichgewicht nicht zu verlieren, das hatte der DDR-Bürger von Kindheit an drin. Keine Ahnung, wie das kam, aber was man Dir auch immer vor die Nase stellte – sofort fiel Dir ein ebenso gültiger Widerspruch zur betreffenden Sache ein. Das kommt vom Eingesperrtsein, dieser wache, witzige Widerspruchsgeist. Jedenfalls lebten wir alle, na, jedenfalls die, die noch was merkten, in einem ständigen, seltsamen Schwebezustand. Man bekämpfte das allgemeine Trauma der von bröckligem, moralischem Putz geschönten Unterwerfung mit einem anderen Leiden: Damit, in jedem neuen Angebot einen Fehler, eine Heimtücke, finden zu müssen.«

Er nennt das Phänomen »heilsame Respektlosigkeit«.

»Und das wirklich Bemerkenswerte daran war, dass man sich auf diesem Fundament allumfassenden Misstrauens, wo der Teufel pausenlos den Beelzebub jagte, im Grunde ganz prächtig verstand. Letztlich griffen ja Ideologien und gesellschaftliche Vorgaben nicht wirklich – womit willst Du jemanden denn noch überzeugen, wenn dessen Gehirn sofort alles bis weit hinters Ziel durchdenkt?

In der Schule fragten besonders Schlaue immer: ›Was kommt eigentlich nach dem Kommunismus?‹ Die Frage war dann irgendwann verboten. Man schoss immer wieder übers Ziel hinaus – traf aber nie das Erwünschte.

Geistig waren wir eigentlich ziemlich freie Menschen, weder Gott noch der real existierende Sozialismus hatten auf uns Zugriff, keine Philosophie, und, ehrlich gesagt, auch die ›große Liebe‹ nicht. Männer und Frauen verhielten sich eher eigentümlich kameradschaftlich zueinander, als dass sie in tiefen Emotionen ersoffen wären. Das war kein Land der mächtigen Gefühle, da herrschten weder das nett vor dem Ostseehimmelsblau fotografierte Ehepaar Honecker noch der hässliche Hutzelmann Mielke mit seiner versoffenen Stasi, da herrschte allenthalben ein freundlicher Zynismus, eine Selbstironie, wie man sie sonst nirgendwo finden konnte.

Dieser ›Kabarettismus‹ grenzte an eine ganz eigene, richtig große Kunst – was natürlich den großen Nachteil hatte, dass man in allen Gesellschaftsschichten immer wieder schnell in gnadenloser Kumpelhaftigkeit versumpfte.

Eigentlich war es wie in der Hölle: Man akzeptierte die beispiellose Frechheit des Systems, die Nichtkonvertierbarkeit seiner Ideale und seiner Aluminium-Währung wie ein Urteil, dem man zwar nicht entkommen konnte, in dessen Unerbittlichkeit man sich jedoch einzurichten gelernt hatte, so gut es eben ging. Rücksichtsvoll zu seinen Nachbarn, zuvorkommend zum anderen Geschlecht, manchmal bemerkenswert achtsam. Ich habe das mal ›sozialistischer Buddhismus‹ genannt.

So richtig gemeine Schadenfreude gab es in der DDR eigentlich gar nicht, und das animalische Konkurrenzverhalten, welches einem heutzutage überall begegnet, war dort nur selten anzutreffen. Plumpe Betrugsversuche gab es, ja, aber brutale, ausgefeilte Hinterlist war selten. Ich denke, selbst bei dem allgemeinen Genörgle und Geschrei nach Freiheit handelte es sich meistens nur um eine Art Allüre – viel schöner blieb es nämlich für die meisten, ihre dämlichen Träume von der Freiheit behalten zu können, als in der Realität auch wirklich darum zu kämpfen. Das ist ja oft so, dass die Sehnsucht viel angenehmer ist als der erfüllte Traum.

Die Frauen? Solche wie Rita? Mach Dir einmal klar, dass es zum Beispiel Prostitution in der DDR fast gar nicht gab. Das älteste Gewerbe der Menschheit, das wirksamste Ventil für Aggression und Überdruck aller Art, es war einfach nicht vorhanden. Mit einer sagenhaften Selbstverständlichkeit hatten die Frauen dort eine Rolle übernommen, die sie Hure und Leiterin ihres ›Kollektivs der Sozialistischen Arbeit‹ zugleich sein ließen. Ich kenne keine schöneren und erotischeren Aktbilder als die von DDR-Fotografen.

Oder nimm eben die Obdachlosigkeit. Keine da. In der ganzen Republik gab es vielleicht acht bis zehn Penner. Wenn einer aus gesellschaftlicher Sicht ›abzurutschen‹ drohte, bestellten sie ihn zur sogenannten ›Abteilung Innere Angelegenheiten‹, das war eine Art Zivil-Kripo, die führten mit Dir erzieherische Gespräche von wegen Parasit der sozialistischen Gemeinschaft und für den Sozialismus untragbares Element, und von denen bekam man dann die unfassbarsten Auflagen erteilt.

Manche mussten sich wegen irgendwelcher Lächerlichkeit, durch die sie aufgefallen waren, ein Jahr lang täglich bei ihrem Abschnittsbevollmächtigten melden. Hielt man sich auch nur ein paar Wochen nicht dran, wanderte man wegen ›asozialen Verhaltens‹ ins Gefängnis.

Einen Monat nicht arbeiten gehen, das konnte Dir ganz schnell mal achtzehn Monate Knast einbringen, und danach dann noch den gefürchteten ›Achtundvierziger‹, das waren Maßnahmen nach Paragraf 48 des DDR-Strafgesetzbuches. Die gingen über wöchentliche oder sogar tägliche Meldung bei der Polizei und strenge Kontrollen darüber, mit wem man überhaupt Umgang haben durfte, noch weit hinaus. Bis zur jahrelangen Zwangsumsiedlung und Zuweisung von Wohnung und Arbeit in einer anderen Stadt.

Eine Lösung für solche Repressalien waren einfach – Krankschreibungen. Ich wette mit Dir, dass die DDR in den sechziger und siebziger Jahren den absoluten Weltrekord an plötzlich auftretender, schwerer Gastritis hielt. ›Ich nehm' mein grünes Urlaubsbuch und mache einen Arztbesuch‹, hieß es. Jeder hatte diesen grünen Sozialversicherungsausweis, und jeder zahlte, unabhängig von der Höhe des Einkommens, zehn Prozent seines Monatseinkommens. Dafür gab es dann sämtliche medizinische Versorgung umsonst. Bettler, Strolche, Wandervögel, so richtig heruntergekommenes Pack, das war einfach nicht vorhanden, solche ›Phänomene‹ gab es nur im Westen, das wurde als Auswirkung des menschenverachtenden Imperialismus bezeichnet.

Ich bin ganz froh, dass ich draußen bin. Wenn Du irgendwo drin bist, bist Du Emotionen ausgesetzt, auf die Du zwangsläufig zu reagieren hast. Draußen sind es eher Informationen. Wenn Du ein Dach über dem Kopf hast, will man Dein Herz, hast Du den Himmel über Dir, geht's Dir ans Gehirn. So einfach ist das. Und Rita kann ich mir von meinem ›Gehalt‹ ab und zu mal leisten. Wenn die einen mag, dann mag die einen auch wirklich. Bei der weißt Du wenigstens genau, dass sie Dir den Orgasmus nicht bloß vorspielt wie die kaltschnäuzigen Westnutten. Macht sie wirklich nicht, der kommt's noch, wie einst im Mai, geh sie ruhig mal besuchen.«

Der Karsten lässt das Mausen nicht

Draußen ist nicht einfahren müssen

Sollte man Ihnen das Portemonnaie gestohlen haben und Sie glauben, nach den durchschnittlich einhundertvierzig entnervenden Stunden, die man braucht, um seine wichtigsten Papiere und Karten wieder zusammenzubekommen, hätten Sie es geschafft, irren Sie sich. Denn »Dark Vader« hat möglicherweise noch eine düstere Überraschung für Sie.

»Heißt das nicht eher Darth Vader?«

»Mann, ich kann nicht nur Englisch, ich hab' auch das große Latinum. Darth klingt mir einfach nicht dunkel genug. Können wir jetzt losgehen?«

Mit Dark Vader in seiner Welt spazieren zu gehen, ist sehr anstrengend. Sobald das Wasser im Topf zu köcheln beginnt, hebt sich der Deckel ein wenig. Jede Ahnung eines Polizeiwagens verursacht ihm Adrenalinschübe und ein geraderes, stocksteifes Gehen. Wenn ihm jemand in die Augen sieht, pumpt er Unschuld in den hellblauen Blick.

»Ist das Klauen so für Dich wie für andere Sport?«

»Sport? Nee. Eher so, wie andere plötzlich einen unwiderstehlichen Heißhunger auf etwas verspüren, habe ich dann plötzlich das Bedürfnis, eine Art Gerechtigkeit herstellen zu müssen.«

»Ah, Gerechtigkeit. So wie Robin Hood? Man nimmt es den Reichen und gibt es den Armen?«

»Ein ehrlicher Dieb? Ehrlich kenn' ich nur aus Märchen. Nein, man nimmt es den anderen und gibt es sich selbst. Was glaubst Du, weshalb sie stinkreiche Hollywoodschauspielerinnen des Öfteren im Kaufhaus beim Strümpfeklauen erwischen? Das kann kein Arzt erklären. Ich will mich auch nicht bessern, ich stehe zu meinem Appetit. Wie irgendein Fettsack zu seinem Eisbein. Mit allen bekannten Konsequenzen.«

Wir sind unterwegs in den Berliner Tiergarten. Dark Vader wird mir zeigen, wie er auf Konferenzen »arbeitet«. Eigentlich erinnert er statt an den schwarzen Lord von »Star Wars« viel eher an Smeagol aus »Herr der Ringe«, jenen kleinen, drahtigen Kerl, auf dessen Mienenspiel sich so deutlich sein grässlicher, innerer Kampf zwischen Gut und Böse abzeichnet.

»Früher ist es mir häufig passiert, dass die Leute dachten, ich wäre ein harter Knochen. Manche haben sogar die Straßenseite gewechselt, wenn sie mich sahen. Dabei bin ich ein sanftmütiger Typ, der allen Kämpfen aus dem Weg geht: Ich habe mich in meinem ganzen Leben noch nie geprügelt.«

In der Tat – welch harmlosen Anblick Dark Vader heute Morgen bei einer Vorführung seiner Masche bot: Der Kleine mit seinem klapprigen Fahrrad, eine lustig gelbe Pudelmütze, auf dem Rücken hüpft eine große Schulmappe und auf der Nase eine mächtige, großkotzige Sonnenbrille. Fröhlich und pfiffig schaut er sich nach allen Seiten um, und niemand möchte ihm an diesem sonnigen, noch frühen Morgen etwas Schlechtes wünschen.

Dass in einem Bus der Linie M 19 seit einigen Tagen eines der zierlichen, rotlackierten Nothämmerchen fehlt, mit denen man im Ernstfall die Scheiben zertrümmern und aussteigen kann, würden selbst hartnäckige Vertreter der Chaostheorie in keinerlei Zusammenhang mit Dark Vaders kleinem Morgenausflug am Alten Museum bringen.

Dark Vader bremst plötzlich, er zieht den Bushammer aus der Tasche seines Jöppchens und knallt ihn mehrere Male kurz und hart auf die Scheibe des Beifahrerfensters eines parkenden BMW. Ein kurzer Griff ins Wageninnere und der Kleine radelt artig und nicht hastiger weiter.

»Na, wo ist denn die Potte, wo ist sie denn? Und haben wir denn auch eine Pin, ein Pinnchen?«, fragt Dark Vader zwei Minuten später in die Damenhandtasche hinein. Er hat sich, das Fahrrad neben sich, an eine Bushaltestelle gesetzt.

Die Potte meint das Portemonnaie, die Pin die persönliche Identifikationsnummer für die Geldkarte. Erst rasch das Bargeld untersuchen, dann die Scheckkarten.

»Irgendwo haben die Weiber meistens ihre Pin hingekritzelt, steckt fast immer in der Potte oder steht irgendwo im Telefon, die trauen ihrem Gedächtnis keine vier Ziffern weit – oh schön, hier: 7324. Na, was kann das wohl bedeuten?«

In der Humboldt-Universität gleich nebenan gibt es eine Cafeteria, dort steht auch ein Geldautomat. Brav stellt sich Dark Vader in die Reihe der wartenden Studenten, die sich dort ihren Frühstückszehner ziehen. Dark Vader zieht ein wenig mehr.

Als Karsten M. kennen Dark Vader nur noch wenige. Eine Wohnung hat er seit zwei Jahren nicht mehr. Er wohnt – immer nur kurzfristig – bei den verschiedensten Bekannten, für einen Scharfschützen hänge das Überleben am raschen Stellungswechsel, sagt er. Was man mit einem eigenen Personalausweis so alles tun konnte, hat er längst ausgereizt: Kredite, Reisen, Otto-Versand, Neckermann, Pfandleihe, Telefongesellschaften, Laptops auf Teilzahlung, Autoverleihe.

»Konferenzen sind immer gut«, erläutert Dark Vader, während er nebenher nett mit der Kassiererin der Studentencafeteria plaudert. Es gibt in Deutschland jährlich Tausende von Konferenzen. Über Wissenschaft, Kunst, Politik. Auch über Kriminalität.

»Wie man da reinkommt? Am besten geht es, wenn man ein verblüfftes Gesicht macht, sobald die einen auf der Gästeliste nicht finden. Man sagt, man sei Mitarbeiter einer Stiftung und irgendetwas müsse mit der Anmeldung schiefgelaufen sein. Zack, hast Du Dein Kärtchen an der Jacke.«

Es ist früher Nachmittag, Akademie der Künste.

»Sieh sie Dir an!«, murmelt Dark Vader. »Alles Leute, die ihr Leben lang möglichst intelligent darüber jammern, dass sie wieder sterben werden.«

In den Pausen zwischen den gut besuchten Vorträgen flanieren die Gäste in Haus und Park und unterhalten sich. Dark Vader hat sich für eine Viertelstunde von mir verabschiedet und ist zwischen den Menschengruppen verschwunden. Nun steht er plötzlich neben mir und stößt mich sanft an.

»Komm. Spazieren.«

Wir sitzen am Spreeufer, neben einer Brücke, Dark Vader untersucht seine Beute. Zwei Damenhandtaschen, ein kleiner Rucksack mit Laptop, ein Smartphone holt er aus seinem größeren Lederrucksack.

»Für zwanzig Minuten Arbeit janz jut, watt?«, schnauft er. »Kiek an, ein Airbook! Na, das ist später dran, jetzt kümmern wir uns erst mal um Potte und Pin.«

Dark Vader behält heute Nachmittag zum zweiten Male recht; eines seiner Opfer hatte in seiner Börse einen kleinen Zettel stecken, das andere hatte seine PIN-Nummer sogar ganz klein auf die Sparkassenkarte geschrieben.

Das Smartphone klingelt. Dark Vader grinst und wirft es samt den beiden hübschen Taschen in die Spree. Er behält nur das Bargeld, die Kontokarten und die Ausweise und hat es eilig, zum nächsten Geldautomaten zu kommen. Zweimal probiert er es mit eintausend Euro, zweimal hat er Glück. Wozu er die Ausweise braucht?

»Na, die Meldeadressen, Mann! Die werden sich natürlich bald neue Karten ausstellen lassen. Solche Karten kommen mit der Post, erst schicken sie Dir die Karte, dann, zwei oder drei Tage darauf, in einem separaten Brief die PIN-Nummern. Ab übermorgen, da stelle ich zwei Jungs vor die Häuser, die passen die Post ab, erst den Kartenbrief, dann den mit der Pin.«

In den Hausflur gelangt man nett lächelnd gemeinsam mit dem Postboten, für die Briefkästen hat man Pinzettenzangen mit einem Klümpchen Haftgel an den Spitzen. Kaugummi tut's auch.

»Da lässt Du Deine Opfer sozusagen zwei Mal bluten.«

»Na ja, ich tu's nicht gern, aber man muss sehen, wo man bleibt.«

»Warum ändern die Banken denn diese Gepflogenheit nicht, das Zeug per Post zu schicken?«

»Da musste mal die Banken fragen. Vielleicht kennen die Dark Vader noch nicht richtig. Vielleicht machen's nicht so viele wie ich, dass eine Umstellung für die Banken lukrativ wäre, was weiß ich.«

»Was ist eigentlich, wenn nur wenig Geld auf den Konten ist?«

»Ziehste ihnen ein paar Lastschriften über, Bahnfahrkarten zum Beispiel, das klappt ziemlich oft. Mit einem kleinen Umweg kannst Du Dir viel bei eBay holen, aber das erkläre ich Dir später mal. Und die Ausweise werde ich für einen Braunen pro Stück noch bei den Russen in der Lietze los.«

Ein Brauner ist ein Fünfzig-Euro-Schein, die Lietze ist die Lietzenburger Straße am Kurfürstendamm. Was die Russen mit den Personalausweisen machen könnten, weiß Dark Vader angeblich auch nicht. An guten Tagen, sagt er, »zieht« er bis zu sechzehn Karten. Zusammen mit dem erbeuteten Bargeld und anderen Wertgegenständen und abzüglich der Tage, an denen gar nichts geht, hat er einen durchschnittlichen Tagesverdienst von ungefähr viertausend Euro.

»Viertausend?! Und da fährst Du Fahrrad und schläfst bei Bekannten in der Küche?«

Dark Vader wird sehr ernst. Vertraulich meint er, dass er Altersvorsorge betreiben würde.

»Von der Hand in den Mund ist nie mein Ding gewesen. Mit fünfzig sollte einer wie ich schon seine Million zusammenhaben. Das geht mit drei, vier großen Dingern oder eben auf meine Tour, Kleinvieh macht auch Mist. Und ich mache schließlich seit zwei Jahren kaum mal einen Tag Urlaub. Das ›Pocken‹, die Nummer mit dem Bushammer, läuft in der Stadt derzeit konkurrenzlos, und wenn Du Dich in den reichen Bezirken gut auskennst, ist die Stadt verdammt lukrativ. Und: Stellung wechseln nie vergessen! Museum würde ich gern mal machen oder Diamanten, aber da brauchst Du andere Informanten, als ich derzeit habe. Das ist ganz genau wie in jedem anderen Geschäft: Beziehungen sind alles – wenn Du mal was hörst, Dein Schaden soll's nicht sein. Das Airbook kannste übrigens für dreihundertfünfzig haben, aber entscheide Dich gleich, sonst geht's heute Abend für achthundert weg. Na, wie bin ick zu Dir?«

Fast zweieinhalb Millionen Diebstähle wurden 2014 in Deutschland zur Anzeige gebracht. Diebstahl hat eine Aufklärungsquote von nur dreißig Prozent, bei Diebstahl unter erschwerenden Umständen fällt die Aufklärungsquote weit unter zwanzig Prozent. Dark Vader zitiert befriedigt aus der Kriminalitätsstatistik der Polizei.

»Ich ein schlechtes Gewissen? Setz Dich einfach mal an irgendeinem beliebigen Tag in einen Kaffeehausgarten am Potsdamer Platz und lass den Touristen- und Gastro-Trek an Dir vorüberziehen. Sieh zu und hör einfach nur auf die Gesprächsfetzen. Nach zwei Stunden allerspätestens hast Du jede Achtung vor denen verloren, die Deine lieben Mitmenschen sein wollen.

Da bleibt aber auch nicht mehr der geringste Rest einer Frage, warum man ausgerechnet denen nichts wegnehmen sollte. Die haben weder ihre Sachen noch sich selbst verdient. Die spielen das Geld gegen die Seele aus und gehen mit beidem um wie der Hund mit der Wurst. Was heißt hier, sich nicht zum Richter aufspielen dürfen? Wer soll es denn sonst machen – Gott vielleicht? Gäbe es einen Gott, hielte sich ja hier wohl längst kein Stein mehr auf dem anderen. Was ich mache, nenne ich mit

Stolz ›arbeiten gehen‹. Schau sie Dir doch an, die täglich Feiernden, und höre ihren guten Gewissen zu, wenn Du mehr kotzen willst, als Du fressen kannst. Von denen ab und zu mal etwas abzuziehen, das nenne ich Gnade, da haben sie wenigstens wieder mal etwas zu tun, wenn sie sich ihre Ausweise und Kreditkarten und Schlüssel wiederbesorgen müssen. Kein Geld für 'n schönes Macbook? Is aber schade.«

Dark Vader stopft mir Geldscheine in die Hemdtasche.

»Mach einen Diener und sag Danke!«, sagt er lachend.

»Immer wenn ich mich bücke, um mein Fahrradschloss ums Rad zu legen, verbeuge ich mich eigentlich vor Dir, oder?«

»Na, dann gib' s wieder her. So blöd wie Du war ich auch mal und ich gebe es zu, ich habe mich damit sogar gut gefühlt. Aber Du wirst es erleben: Es kommt ein Tag, da ist das plötzlich vorbei.«

»Was für ein Tag war denn das bei Dir?«

»Das war gar kein besonderer Tag. Ich hatte mir vorgenommen, ein ganz normales Leben führen zu wollen. Wochenlang habe ich nichts genommen, ich schwör' s Dir, von keinem! Aber nichts kam! Nichts! Nicht mal etwas zu essen! Da habe ich verstanden, dass ich einfach nicht der Typ bin, dem das Leben entgegenkommt.«

Ach, nicht? Karsten M. ist nicht vorbestraft. Nicht einmal wegen einer Ordnungswidrigkeit hat man ihn jemals registriert.

»Weißt Du, was der große, russische Pädagoge Makarenko gemacht hat? Er hat in seinem Jugenddorf Streuner, Kriminelle und Schwererziehbare Einbrecher zu Hausmeistern und Diebe zu Kassenwarten ernannt. Und weißt Du, was der große, russische Pädagoge Makarenko noch gemacht hat?«

»Nun?«

»Selbstmord.«

In tragikomischer Verzweiflung drehe ich die Augen nach oben.

»Watt denn, watt denn?!«, kreischt Dark Vader. »Watt kiekste denn schon wieder so nach oben? Watt is denn da oben?!«

Wenn Philosophen und Psychologen nichts Hilfreiches mehr zu sagen haben – vielleicht wissen trockene Physiker Rat? Hermann Oberth, ein Deutscher Mathematiker und Physiker, Lehrer von Wernher von Braun, zum Beispiel. Ihm sagt man diese Erfahrung nach:

»Im Leben steht einem anständigen Charakter eine Anzahl von Wegen offen, um vorwärtszukommen. Einem Schurken stehen – bei gleicher Intelligenz und Tatkraft auf dem gleichen Platz – diese Wege ebenfalls alle offen. Daneben aber kennt er auch noch andere, solche, die ein anständiger Kerl nicht geht. Daher hat der Schurke mehr Chancen zum Vorwärtskommen. Infolgedessen findet eine Anreicherung der höheren Gesellschaftsschichten mit Schurken statt. Das ethische Durchschnittsniveau einer Gesellschaftsschicht wird umso schlechter, je besser und einflussreicher sie gestellt ist. Dieser Umstand allein vermag die Tatsache zu erklären, warum die Welt nicht schon seit mindestens fünftausend Jahren ein Paradies ist.«

Eventuell sagt ja auch Dark Vader mal einer, watt da oben sein könnte. Selbst, wenn es nur vor langer, langer Zeit so gewesen sein mag. In einer weit, weit entfernten Galaxis.

Hoffen und Harren
hält Manfred zum Narren

Draußen ist ganz einfach
schlicht Verzicht

Manfred T. trägt eine alte Landsermütze. Aus seinem langen, struppigen Bart stinkt er nach billigen Zigarren. In der Straße hier kennen ihn alle als Petrus. Der Gemüsehändler stellt ihm abends Radieschen, Gurken und Orangen heraus, der Bäcker Kuchen und die Brötchen, die er nicht verkaufen konnte. Seinen Tee bekommt Petrus an kalten Tagen im Café an der Kreuzung umsonst, von dort aus hat er einen schönen Blick auf den Spielplatz am Denkmal, ruft den jungen Müttern Scherze zu.

»Die Straße hier gehe ich seit was weiß ich wie vielen Jahren auf und ab. Weiter als bis zur U-Bahn-Station dort vorn und bis zur Hauptstraße da hinten reicht meine Welt nicht. Die Bäume waren damals noch ganz jung, heute bilden sie schon ein grünes Dach über der Straße. Die Autos sind immer teurer geworden mit den Jahren, die Leute immer besser angezogen. Die Tomaten wurden immer größer und schmeckten immer weniger nach Tomaten, die Zeitungsmeldungen wurden immer unverständlicher. Es gibt ein paar Regeln, die haben sich verändert, zum Beispiel darf man nicht mehr Neger sagen, aber das ist bestimmt ein paar Straßen weiter genauso.«

An den Nachmittagen setzt sich Petrus auf einen kleinen Klapphocker neben der Litfaßsäule und stellt eine alte Blechschachtel vor sich hin. Die Schachtel füllt sich meist schnell mit Münzen, manchmal gibt es sogar einen grauen Fünfer, den steckt er gleich weg, damit es nicht zu wohlhabend aussieht.

In einem Haus am Ende der Straße hat er einen Dachboden entdeckt, dort schläft er, dort hat er auch eine Kiste mit Habseligkeiten. Erst hat man ihn dort immer wieder vertrieben, inzwischen hat er sich mit dem Vermieter und den Bewohnern arrangiert, er hat sogar einen Schlüssel für die Haustür bekommen, pflegt im Hof die Blumenrabatte dafür, sortiert im Müll herum, fegt den Flur.

»Ich bin hier eine Instanz«, sagt er, und er möchte es bleiben. Petrus, der Fels in der Brandung, aber es brandet und brodelt nicht in seiner Straße, gemächlich tröpfelt es dahin. Er schaut sich die Leute an, streicht sich gekonnt den Bart und sagt, was ich draußen oft gehört habe.

»Erst habe ich mich immer überholt gefühlt, vom Leben, von den Menschen. Aber die kommen alle wieder zurück. Ich wollte immer wissen, weshalb ich irgendwann zu wachsen aufhören müsste. Die Großmutter hat gesagt: Es ist schon dafür gesorgt, dass die Bäume nicht in den Himmel wachsen. Heute weiß ich, warum. Du kannst es überall sehen: Es gibt kein Wachstum ohne Schulden.«

Petrus erklärt die Sache mit dem Geld.

»Überall in der Natur ist es so, dass es am Anfang ein sehr schnelles Wachstum gibt. Dann verlangsamt es sich, schließlich kommt es zum Stillstand, dann bist Du erwachsen. In der Wirtschaft läuft das ganz genau umgekehrt: Exponentielles Wachstum merkt man zuerst kaum, dann steigt die Kurve von Verbrauch, Ausbeutung und Wahnsinn immer steiler in die Höhe, und schließlich kracht's. Passiert immer wieder. Ist ein Gesetz.«

»Und wenn's geknallt hat?«

»Passiert was Neues. Ist doch in der Natur umgekehrt genauso. Bloß eben, dass da was ins Leben wächst, und in der Wirtschaft, da wächst es in den Tod. Klingt Dir zu einfach, was? Wenn Du's kompliziert haben willst, kauf Dir ein paar Bücher. Oder noch besser: Schreib selber welche. Dann kannste Geld damit verdienen, andere wahnsinnig zu machen. Es ist heutzutage oft so, dass man sich lieber in Probleme verliebt als in Lösungen. Und 'ne Weile geht das ja auch gut, wie man sieht. Wenn einer aber immer schneller geradeaus fahren will, und dann kommt doch 'ne Kurve – viel Spaß in Gips und auf Krücken, kann ich da nur sagen.«

Am besten geht es vielleicht noch jenen, die sich aus dem Überlebenskampf losgelöst haben, die zu »Zeugen des Lebens« geworden sind. Die fast ohne Bedürfnisse, kaum noch urteilend und ohne viel zu denken, scheinbar fühllos ihre Reviere durchmessen. Einer von denen begegnet mir über Jahre beinahe täglich. Das Bemerkenswerte daran ist, dass ich ihn zwar an ganz verschiedenen Orten treffe, stets jedoch zur gleichen Zeit. Wenn er auftaucht, kann ich sicher sein, dass es ein paar Minuten nach vierzehn Uhr ist. Das allein erschüttert nach einiger Zeit den Glauben an jegliche Wissenschaften. Selbst die Umstellung von Winter- auf Sommerzeit scheint in ihm automatisch zu funktionieren. Immer wendet er sich mir kurz zu, und er schenkt mir immer dasselbe ausdruckslose Lächeln. Eine entleerte Version meiner selbst. Was ist mit den Inhalten geschehen? Vergeudet? Verborgen? Ausgesaugt, fortgelegt, verschenkt, gegen irgendwas getauscht?

Irgendwann wird sein Herz zu schlagen aufhören, vielleicht kurz nach zwei Uhr nachmittags, und keiner weiß, ob es jemals auch nur ein einziges sinnvolles Zucken getan hat.

»Ich könnte ohne dies alles leben / Das hieße einfach nur / Ganz schlicht Verzicht / Ja, können kann ich wohl, doch wollen will ich nicht.« Die heisere Stimme von Hildegard Knef aus den Lautsprechern des Kaffeehauses am Hackeschen Markt liefert mir nur eine dürftige Erklärung.

Das halbe Königreich
und den Prinzen zum Mann

Draußen ist,
wenn niemand für Dich betet

Henkel, schwul, der Name bezieht sich auf seine Ohren, ist etwa fünfundvierzig Jahre alt.

»Die meisten der skrupellosen Milliardenschieber unter den Bankern sind, was Gewissensfragen angeht, mit sich selbst völlig im Reinen. Sie schlafen ganz hervorragend, und Skrupel sind ihnen fern. Für sie ist, was andere als brutalen Betrug ansehen, ein höchst vergnügliches Spiel, den verzweifelten Ruf nach Gerechtigkeit hören sie als das hässliche Gekeife des Neides. So bezichtigen sich die oben und wir unten gegenseitig der Krankheit – was soll man mehr dazu sagen?

Was mich angeht, ich glaube, dass ich nicht neidisch bin. Dass andere daraus schließen mögen, ich hätte kein Interesse an Gerechtigkeit oder wäre einfach nur zu feige, um für meine Rechte zu kämpfen, was soll ich dagegen machen? Ich glaube nicht an Rechte, die einer haben könnte, das hält meine Pflichten gering.

Ich habe eine normale, durchschnittlich glückliche Kindheit gehabt, war ein durchschnittlicher Schüler und ein mittelmäßiger Student. Jetzt lebe ich von dem, was andere nicht mehr haben wollen. Du könntest sagen, ich fresse Müll. Aber ich sehe das nicht so, und ich schmecke das auch nicht so. Ganz im Gegenteil, denn meinen Geschmackssinn habe ich erst kennengelernt, nachdem ich Arbeiten und Wohnen aufgegeben hatte. Das ist jetzt fast ein Dutzend Jahre her. Wenn ich einigermaßen gesund bleibe, wird es noch ein Dutzend Jahre so weitergehen mit mir.

Ich fühle mich oft wie ein Dreizehnjähriger, so, als hätte ich meine erste Liebe noch vor mir. Ein schlechter Esser war ich immer schon. Wenn ich über den Tag meine vier, fünf Tassen Kaffee habe und zum Abend vielleicht ein Bier, dann ist das genug für mich. Hier in diesem Café kann ich auch ein paar Stunden vor einer leeren Tasse sitzen, und niemand zwingt mich zum Nachfüllen. Die Leute kommen und gehen, sie reden und ich höre manchmal zu. So soll es bleiben, mehr muss für mich nicht sein, und mit weniger könnte ich mich arrangieren. Der Mensch gewöhnt sich wirklich an einiges, vielleicht nicht an alles, aber doch an einiges.

Ein- oder zweimal in der Woche masturbiere ich, das mag für Dich schäbig klingen, aber Sex ist für mich viel eher Belästigung als treibende Kraft. Sich etwas vorstellen geht schnell und ist sauber. Man braucht kein Vorspiel und erspart sich das Nachspiel. Die Nachspiele kenne ich, das dicke Ende kam immer. Lass mal, ich war oft genug traurig. Nicht mehr mit mir. Ich bin ein Homo ohne Männer, der Eine ohne seinen Zweiten. Früher, wenn ich andere etwas so dringend begehren sah, wovon ich nichts brauchte, habe ich Spott empfunden, später ehrliches Mitgefühl.

Heute empfinde ich gar nichts mehr. Das heißt aber nicht, dass ich keine Gefühle hätte, oh nein. Wenn ich in Situationen geraten würde, die mein emotionales Engagement erforderten, würde ich bestimmt ohne zu zögern meine Hilfe anbieten. Ich gerate bloß nie in solche Situationen.

Und um Deiner Frage zuvorzukommen: Nein, meinen Frieden mit Gott habe ich nicht gemacht. Ich gönne ihm bloß keinen Krieg, zwischen uns herrscht Waffenstillstand, mal sehen, wem das zuerst langweilig wird. Mir vermutlich nicht, ich habe mich in der Langeweile eingerichtet. Man könnte auch sagen, die Langeweile hat es sich um mich herum bequem gemacht. Ich möchte nichts hinterlassen, nichts vererben, nichts weitergeben. Fortpflanzung ist ja bei mir sowieso nicht das Thema. Und ob der Mensch nur einmal lebt oder durch Millionen von Existenzen wandert, ist mir nicht so wichtig. Jetzt bin ich hier, was früher war, das ist vorbei. Und wenn es nicht vorbei ist, dann wird es sich schon bei mir melden. Was später vielleicht einmal sein wird, ich kann es erwarten.

Ich gehöre zu jenen, die Hoffnung für Gift halten, Glauben für einen Kerker und Liebe für heimtückischen Mord. So fehlt mir die Sympathie derer, die Herz, Kreuz und Anker um die Hälse hängen haben, doch ich bin nicht zynisch. Meine mangelnde Begeisterungsfähigkeit erweist sich als Anziehungskraft für die unsinnigsten Gestalten, denen allen eines gemeinsam ist: das Gescheitertsein.

Immer wieder greife ich mir ernstlich verwundert an die Stirn, wenn ich erlebe, was für Jämmerlinge meinen Kontakt wünschen, welche kümmerlichen Großmäuler, was für längst stinkend gewordene Fische. Und besonders diese primitiven Idioten, die aus dem Verborgenen sinnlose Weisheiten verströmen und sich den üblen Anschein von uralter, sachlicher Sparsamkeit geben. Es gibt Fragen, die keiner beantworten kann, und es gibt auch Antworten, nach denen keiner gefragt hat. Solche Hunde haben nur eine Hoffnung: Dass irgendein Narr sie für gesünder hält, als sie selbst gesund sind.

Sag mir doch mal eine einzige einleuchtende Antwort auf die Frage: ›Warum soll's Dir eigentlich besser gehen als mir?‹ Na? Für mich gibt es nirgendwo einleuchtende Gründe, weshalb ich dafür Sorge zu tragen hätte, dass es anderen besser geht. Andere denken ebenso, folglich habe ich nichts zu erwarten. Es ist so unnatürlich wie dumm, anzunehmen, dass es die Erfüllung von Hoffnungen geben würde oder die Befreiung durch Glauben, und es spricht durchaus einiges gegen das Leben in immerwährender Liebe. Weder verspreche ich, noch bete ich, noch habe ich über die großen Dinge wie Liebe oder Hass, Leben oder Tod, Licht oder Dunkelheit irgendetwas Bedeutsames auszusagen. Kurz: Ich mache niemandem Hoffnung, ich verlange keinen Glauben, und ich liebe nicht.

Manchmal bedauern sie mich, die Überlebenskünstler und die Fortpflanzungsnaturen, die Betrüger und die Mörder. Im Vorübergehen werfen sie mir noch ein paar Tricks hin, ein bisschen überschüssige Kraft, einen schlechten Rat mit gütigem Augenzwinkern, einen Faustschlag mit leuchtenden Augen.

Was ich unternehme, ist genau dies hier: Dasitzen und dumm quatschen. Ich habe keine Pläne. Manchmal gerate ich zufällig in andere Pläne. Wenn man mich bemerkt, rätselt man eine Weile über meine Bedeutung, und dann fliege ich wieder raus. Niemand sagt: ›Du kannst gehen!‹, wer verbrennt sich schon gern den Mund? Ich fliege eben raus. Man schweigt mich davon, und ich bin sensibel genug, das zu merken. Danach glaube ich eine Zeitlang, dass das Erlebte etwas mit mir zu tun gehabt haben könnte, aber eigentlich hat es das nicht.

Der, den Du hier siehst, er ist sein eigener König, er hat sein Reich, seine Kraft und seine Herrlichkeit. Eine eigene Sternkarte, ein privates Koordinatensystem. Kein Ausweis oder Reisepass, kein Scheckbuch, kein Gesetz, keine Strafprozessordnung. Und die einzige Illusion, die er gegenwärtig hat: Dass es irgendwo da draußen einen Prinzen für ihn gibt. Einen ganz kleinen. Das ist seine Art der Liebe. Was spricht gegen die Liebe?«

»Was am meisten gegen die Liebe spricht? Dass sie sich von jemandem wie Dir in den Mund nehmen lässt.« Kam dieser Satz von mir? Ja, ich glaube, das war ich.

Die Sympathischeren von denen – welche sind das für mich? Die nicht abweichen von ihrem »So nicht, lieber Gott, liebe Welt, denn das habe ich mir alles ganz anders vorgestellt.« Die, die ein »Mitgefangen – mitgehangen« nicht gelten lassen, kein »Ran an den Sarg und mitjeheult«.

Wahrscheinlich ist es schon immer sehr schwierig gewesen, den Ruf nach Gerechtigkeit mit dem Plärren des Neides nicht zu verwechseln. Einen großen Teil unserer Energie wenden wir auf, um unsere Mitmenschen günstig zu stimmen. Soziale Verabredungen über die Verwendung unserer Sprache, unser Erscheinungsbild, unsere Taten bestimmen unsere Beurteilung des Gegenübers.

Obwohl wir hoffnungsvoll vermuten, dass das Hässliche nicht immer auch das Grausame sein muss, wünschen wir uns doch gleichzeitig, dass das, was schön ist, auch gut zu sein habe.

Im Bewusstsein dieses Paradoxons fällen wir bei der Entdeckung ästhetischer Unangepasstheiten, beim Auftauchen von »Assimilationsdefiziten«, schnellere und härtere Urteile. Von wem die Behauptung stammt, dass in Gerichtsprozessen schönere, gefälliger wirkende Menschen viel öfter mit wesentlich geringeren Strafen davonkommen, ist mir nicht bekannt – sie ist aber oft zu hören.

Jene physikalisch eherne Binsenweisheit, dass es bergab nun einmal viel schneller gehe als bergauf, lässt vermuten, dass es bei nicht wenigen der erschreckend verelendeten Wracks, die man auf der Straße treffen kann, gar nicht so lange gedauert haben kann, bis sie vor den Blicken und Meinungen derer von Drin endlich als untragbar, des Mitgefühls nur noch wenig würdig, eingeschätzt wurden. Eine nette Verhältnisgleichung, die etwa sagen würde: Zwei Monate hat es gedauert, bis Du da unten angekommen bist – mit zwei Monaten Mühe und Disziplin bist Du auch wieder oben. Nett, aber eine völlig verquere, frömmelnde Mathematik.

Es gibt ihn, den »echten Schicksalsschlag«. Jemand kann wegen zehn kurzer Sekunden ohne Beherrschung lebenslang wegen Mordes hinter Gitter wandern. Es kann auch jemand wegen eines einzigen, ihm restlos unverständlichen Moments, in welchem ihn ganz unerklärliches, brutales Pech ereilt hat, sein Leben lang benachteiligt bleiben.

Was man sich auf der Straße am schnellsten und am gründlichsten abzugewöhnen hat, sind Rechnungen und rasche Urteile. Weil man dort auch wirklich unschuldige Ungeheuer findet, jammervoll anzusehende Sisyphosse, die täglich neu auf anrührende Weise mit einer Last bergaufwärts zu klimmen versuchen, von der sie weder verstehen, wer oder was sie ihnen auferlegt hat, noch, wie sie sich ihrer jemals wieder entledigen könnten.

»Da hast Du aber eine großartige Gelegenheit bekommen, denen eine Stimme zu verleihen, die keine haben!«, meint ein Bekannter, der mich an diesen Texten hier arbeiten sieht. Eine herzlich gern gehörte Bemerkung, kaum Nützlicheres fiele mir ein. Wie jedoch geht man mit denen um, deren Stimmen laut sind und die so Unsägliches hervorbringen, dass man sich jedes Empfinden versagen muss, um nicht bei allem, was zu erwidern wäre, seine Selbstachtung aufzugeben?

»Impressionen von der Straße« scheinen für Literatur nur sehr wenig zu taugen. Oft sind sie widerwärtig unästhetisch, sie laufen fast nie auf eine lehrreiche oder auch nur unterhaltsame Pointe hinaus, und sie bieten kaum »Action«. Zudem fordern sie, wo sie nicht einfach nur ein wirres, philosophisches Nichts ausmachen, immer unsere Moral und unsere Geduld.

Ist also die Straße so unbeschreiblich wie unlesbar? Jetzt eben kommt in das alte Café, in dem ich seit Wochen täglich sitze und dies hier schreibe, wieder diese abgerissene Gestalt herein, die zerknautschte, längst veraltete Obdachlosenzeitungen anbietet. Unter all dem Dreck und hinter dem üblen, durchdringenden Aroma befindet sich ein noch junger Mann, dessen Habitus stark vermuten lässt, dass er sich mit seinem »Verdienst« den nächsten, erbärmlichen Suff zu finanzieren wünscht. Niemand gibt ihm etwas, er macht Lärm und verflucht mit wutverzerrtem Gesicht die Gäste, wie jeden Tag. Und wie jeden Tag wird gleich der Kellner kommen und ihm die Tür weisen.

Gefühlt endlose Momente, randvoll mit krachender, illusionsloser Prosa. Ihre Schilderung liefe auf nichts hinaus.

Ab wann wird unser Wissen böse? Wenn wir die Angebote aller Sinnstiftungen ausschlagen? Was ist das für eine Intelligenz, die in jeglicher Begegnung – schneller als die einem Zusammentreffen innewohnende Chance – immer den Makel, den Systemfehler, den Haken an der Sache erkennt? Wohin führt solch ein ätzender Scharfsinn, und wie bekommt man so einen Geist, wenn er sich als vernichtende Plage herausgestellt hat, wieder zurück in die Flasche? Aus dem Sanskrit überliefert wird die kurze Feststellung, dass es wohl kaum Unglückverheißenderes für einen Menschen geben kann, als der Angewohnheit des Fehlerfinden-Wollens zu frönen. Kann man sich alle Angewohnheiten auch wieder abgewöhnen?

Haarstyle avista baby

Draußen ist die Frisur schnell hin

»Emberiza hortulana« nennt man die Gartenammer oder auch Ortolan. Dieser winzige Vogel singt außergewöhnlich schön. Er soll Ludwig van Beethoven zum Auftakt seiner Fünften Symphonie inspiriert haben. Ortolane wiegen nur etwa zwanzig Gramm. Ein Päckchen mit drei Nagelhautschiebern im Drogeriemarkt wiegt ebenso viel.

Der Zusammenhang zwischen »emberiza hortulana« und V-förmigen Nagelhautschieberklingen besteht darin, dass man die winzigen Messer mit den sehr scharfen Innenrändern unter anderem dazu nutzt, um dem Ortolan die Augen »auszuheben«. Das heißt, zunächst wird der Ortolan gefangen – was in der Schweiz zwar streng verboten ist, denn dort rechnet man die letzten, noch im Tessin verbliebenen Exemplare mittlerweile zur gefährdetsten Singvogelart überhaupt – und dann wird der Vogel blindgestochen. Durch den Verlust seiner Sehkraft geht dem Ortolan auch die biologische Uhr verloren und er beginnt, vor Gram und Verwirrung pausenlos zu fressen. In kurzer Zeit nimmt er stark an Gewicht zu, er wird unmäßig fett. Ab jetzt heißt er »ortolans engraissés«, Fettammer, und man ertränkt ihn in hochprozentigem Armagnac. Dann wird er nach einer raffinierten Methode gebraten und dem nuancenfreudigen Gaumen derer, die es sich leisten können, heiß und teuer serviert.

Arminius von Scharffenstein hat mich in die Schweiz eingeladen. Arminius hieß anfangs Ahmin Abdel Charif, da lebte er noch in Algerien. Dann nannte er sich Armin Scharf, da wohnte er in Stuttgart. Dort hatte er eine kleine Diskothek übernommen, leider zusammen mit Arabern, die schon bald Schutzgeld kassieren wollten. Armin protestierte, sie lauerten ihm auf, schleppten ihn zu ihrem Audi und sagten, komm mal her, leg mal deine Hand hier hinein, zwischen die geöffnete Wagentür und den Türrahmen des Audi. Und mit der anderen Hand sollte er bei seiner Mutter schwören, bis zur nächsten Woche Stuttgart verlassen zu haben. Armin schwor.

»Ich also nach Berlin, nichts mitgenommen, außer einer Reisetasche. Keine Freunde, keine Wohnung, keine Währung. Ich bin Nachtbus gefahren zum Schlafen, immer hin und her zwischen Kaulsdorf und Zoologischer Garten, das war die längste Strecke. Da hatte man am meisten Ruhe. Oberste Etage, Berlin bei Nacht, das ging ein Vierteljahr lang so. Ich war wie abgeschaltet, auf Sparflamme, warum, weiß ich auch nicht. Ständig zwischen Wachsein und Schlafen. Und dann das Gegenteil, immer wach und literweise Kaffee.«

Zu dieser Zeit trafen wir uns öfters. Armin hatte auf seinen einsamen Streifzügen durch die billigen Cafés eine leerstehende Wohnung in der Stadtmitte gefunden, dort die Wände mit Folien abgehängt und einen alten Friseurstuhl in die Mitte des Zimmers gestellt, ein paar geklaute Baustellenlampen dazu. Die Szenerie erinnerte fatal an den Tötungsraum von »Dexter«, aber Armin töte nicht, er frisierte.

Seine Preise, seine Geschwindigkeit, seine Freundlichkeit, sein Sinn für schwarzen Humor ließen ihn bald in der »Szene«

bekannt werden. Ich durfte ihm auf einem Computer im Copy-shop seine ersten Visitenkarten entwerfen, dafür bekam ich einen handgeschriebenen Gutschein von ihm:

»Lebenslang freier Haarschnitt bei ›Arminius & Friends‹«. Die »Friends« fehlten noch, aber lange sollte es nicht mehr dauern.

Seit einer Party nannte er sich Arminius von Scharffenstein. Es war auf einer Yacht, eigentlich eine Art schwimmendes Bordell, den alten, chinesischen Blumenbooten nachempfunden, wo man Literatur und Sex zusammenzubringen versuchte, als er meinte, etwas deutscher klingen zu müssen. Dort hatte ihm eine seiner Kundinnen einen Job in der Kombüse vermittelt, kochen helfen auf dem Liliendampfer.

»Da habe ich zu den reichen Koksern und deren Mädels gesagt: ›Ach Ihr, Ihr habt doch alle keine Träume mehr! Na los, wer von Euch hat denn noch einen Traum?!‹ Und sie haben gedacht, ich heule«, erzählt Arminius. »Aber es war wegen der Zwiebeln, die ich gerade geschnitten hatte. Jedenfalls hat dann einer plötzlich gesagt, na komm, Koch, dann erzähl uns doch mal deinen Traum, und ich habe meine Friseurgeschichte erzählt. Dass ich so gern den Duft von Mädchenhaar rieche, da seufzten die Schlampen alle schon. Und dann, dass ein eigener Salon der Mittelpunkt eines ganzen Universums der Schönheit werden könnte. Vielleicht habe ich nur zehn Minuten lang geredet, aber glaub mir, es war eine gefühlte Stunde, und die wurden immer stiller, und ich habe mich in Rage gequatscht, gar nicht mehr so genau zugehört, was ich eigentlich sage.«

Arminius' Monolog auf dem Blumenboot hatte zwei Ergebnisse: Jemand zahlte ihm die Miete für eine kleine Wohnung in

Berlin, endlich Schluss mit dem Nachtbus-Stundenhotel, ein anderer bot ihm einen Job an. Einer der bekanntesten Friseure der Welt. Ihm hatte Arminius dann von einer weiteren Idee erzählt, dem Schnellfrisurenwettbewerb/Damenfrisuren innerhalb von nur drei Minuten. »Das hat eingeschlagen wie eine Bombe. Ich wurde auf einmal zu Modenschauen eingeladen, zum längsten Laufsteg der Welt, habe für Filmcrews frisiert, bei Hotelpartys nach Rockkonzerten, auf abgefahrenen Feiern. Einmal habe ich auch Moshammers Hündchen frisiert. Irgendwann habe ich dann den wiedergetroffen, der mich damals auf dem Schiff nach meinem Traum gefragt hatte, der hat mir eine Menge Geld gegeben, in bar, und mir dazu noch einen kleinen Laden finanziert, in einer guten Gegend hier in der Stadt. Na, Du siehst ja, was inzwischen draus geworden ist.« Arminius ist nun Geschäftsführer von vier großen Friseurgeschäften, eines davon speziell für Schwule und Lesben. Morgens italienischer Espresso in niedlichen Echtporzellantässchen und heiße Tücher, nicht nur aufs Gesicht. Oh nein, seine schlimmen Zeiten habe er nie vergessen, sagt er.

»Sieh nur, hier, noch heute kooperiere ich ausschließlich mit Herstellern, die nur natürliche Grundstoffe in ihren Produkten verwenden.« Sein Kundenkreis vergrößert sich noch immer, zu Arminius kommt man heute extra aus Paris und London, manchmal sogar aus Übersee.

»Hier verlangt keiner Schutzgeld. Und glaube mir, ich habe nie vergessen, woher ich kam, niemals! Vielleicht läuft darum alles so gut, weil ich das nie vergessen habe. An Dich habe ich mich ja schließlich auch erinnert, was?«, lacht er fröhlich. Er holt zu einem grazilen Schulterschlag aus, belässt es bei der

Andeutung, schwenkt den niederfahrenden Arm elegant herum und greift eine längliche Silberschachtel.

»Zigarillo?«

Eines seiner Mädels kommt herbei und schnippt mit einem Feuerzeug, knickst, lächelt. Arminius bedankt sich auf Französisch.

»Ich weiß noch, damals im Bus, da habe ich mal jemandem die Taschen aus der Hand gerissen, ihm den Inhalt hingeworfen und ihn aufgefordert, zu erzählen, was das alles sei. Ich habe geglaubt, er sei ein Selbstmordattentäter und er wollte sich in die Luft sprengen. Ich war schon halb verrückt, Armut macht wahnsinnig.«

Arminius, Rauchringlein ausstoßend, meint, ebenso, wie es ein Recht auf Bildung gäbe, hätte der Mensch ja wohl auch ein Recht auf Vergessen. Nein, er möchte sich an all das nicht mehr erinnern, als Selbstmahnung dran denken, das schon, aber nicht erinnern, keine alten Bilder mehr sehen.

»Eigentlich schade, dass wir nicht wie ein Computer eine Löschfunktion haben, für unbrauchbar gewordene Texte und Bilder und Filme. Da könnte man mal ordentlich Platz schaffen auf der Festplatte hier oben«, sinniert Arminius, und er klopft sich mit zwei Fingerknöcheln gegen die sonnengebräunte, glatte Stirn. Knisternd strahlt sein hervorragend gebügeltes, weißes Hemd.

»Und dennoch: Manchmal, weißt Du, da packt mich so eine Sehnsucht«, seufzt Arminius. Er schaut hinüber zu den fernen Schneegipfeln, nickt wehmütig. »Da möchte ich einfach wieder gar nichts mehr haben, nichts! Man müsste einfach – alles zurückgeben können, alles zurückgeben!«

»Zurückgeben an wen?«

»Einfach zurückgeben«, lächelt Arminius, »an den, dem alles gehört!«

Gekonnt schnipst er das halb aufgerauchte Zigarillo in die Luft, zurück zu dem, dem alles gehört.

»So«, sagt er, »komm, umziehen. Ich hab Dir einen Anzug von mir herauslegen lassen. Wir gehen essen.«

Arminius nimmt mich zu einem illegalen Ortolan-Essen in erlesenem Kreis mit. Alles ist bezahlt, alte Freunde sollen schließlich nicht zu kurz kommen. In der großen Villa kennt man ihn, seine kurze Erwähnung, dass es sich bei mir um einen vertrauenswürdigen Bekannten handele, ist Empfehlung genug. Während des Verspeisens hat man sich den gesamten Vogel in den Mund zu stecken. Serviererinnen hinter den Gästen decken deren Köpfe reihum mit weißen Stoffservietten ab, das ist sehr wichtig, denn nur so bleiben beim Genießen Geschmack und Aroma des Ortolans »direkt am Mund«. François Mitterrand soll noch auf seinem Totenbett nach Ortolanen verlangt haben.

Die Versammlung an der großen Tafel sitzt da wie eine Ratsversammlung des Ku-Klux-Klans. Ich mache, dass ich hinauskomme.

Ewig währt am längsten

Draußen gibt's nach zehn keine Zimmerlautstärke

Helmut, fünfzig Jahre alt, keine Wohnung, keine Papiere, gepflegtes Äußeres, klare Diktion.

»Denk Dir, Du hast Dich verliebt, und es war nur einseitig. Wenn Du das gemerkt hast, versuchst Du endlich, das alles zu vergessen. Dazu brauchst Du sehr lange, sogar viele Jahre, aber so nach und nach schaffst Du es. Es ist Dir aus dem Kopf und aus dem Herzen, endlich. Du hast Dir sozusagen die Freiheit zurückerobert und könntest darauf nun wirklich stolz sein und etwas Sinnvolles anfangen, etwas Neues.

Es hat sich bewahrheitet, was man Dir immer wieder gesagt hat, was Du nie hast glauben können: Dass die Zeit wirklich alle Wunden heilt. Und gerade, wenn Du so weit bist, triffst Du sie wieder – und alles ist sofort wieder ganz genau so schlimm wie damals, als es passierte. Die Zeit hat gar nichts geheilt, sie war nur ein Pflaster. Reißt es einer ab, sieht's darunter aus wie vorher auch.

›Die Liebe und der Suff, die rejen den Menschen uff‹, sagt der Berliner. Frag mal einen Alkoholiker, mit dem Trinken ist es nicht anders: Du kannst zehn Jahre trocken sein – dann ein einziger Schnaps und es geht sofort wieder los. Ich hab beides erlebt, das mit der Liebe und das mit dem Suff auch.

Heute trink ich Brause oder 'nen Kaffee, und ich kann auch meinen kleinen Spaß haben, wenn die Mädels vorbeistolzieren und den Hintern schwenken. Ich merke aber auch immer, dass es nicht ›echt‹ ist. Es ist wie ein Ersatzleben, nicht ganz wirklich, ein Kompromiss, den man nie lieben wird. Ich werde ganz bestimmt nicht mehr saufen, in diesem Leben, aber ebenso sicher werde ich nicht mehr lieben. Was mir bleibt, ist warten. Warten bei Kaffee und Limonade, beim sehnsüchtigen Anblick hübscher, fremder Ärsche.

Warten auf was? Auf irgendwas. Irgendwo, irgendwann, irgendwie. Warten als Feigling. Als einer, der zu viel Angst davor hat, sich gegen alle seine Erfahrungen einfach wieder dorthin zu stürzen, wo einem alles, sogar die eigene Disziplin, nicht mehr so verdammt unecht vorkommt. Als jemand, der sich von der Angst hat trainieren lassen. Ich bin kein Stück besser als Dein kleiner Computer da, ach, noch viel schlimmer eigentlich, denn ich Idiot habe mich ja gewissermaßen selbst programmiert.

Für die Liebe zu stark, fürs Leben zu schwach. Nur manchmal, wenn ich mich unterhalten kann, so wie jetzt, da fühle ich mich ein bisschen. Vielleicht wär's gut, einen Freund zu haben. Vielleicht kommt der ja noch, wer kennt schon den großen Plan und weiß, was sich der Papst so denkt, mit seinen guten Beziehungen zur Ewigkeit.«

Dem Papst mag es ja helfen, wenn er in Jahrhunderten denkt – für jemanden, der auf der Straße lebt, und der mit seinem Los nicht zufrieden ist, sind solche Überblicke eher hinderlich. Einer der simpelsten Abwehrmechanismen des Geistes gegen die als unaushaltbar empfundene Härte der Realität ist – Flucht. Wo er dem Ort und den konkreten Umständen nicht zu entkommen vermag, flieht der Geist weit durch die Zeiten.

Man erlebt bereits nach kurzer Zeit ohne Rückzugsmöglichkeiten eine erstaunliche Gedankenausbreitung, die das, was wirklich geschieht, immer häufiger und immer intensiver mit unzähligen Geschichten aus angelernter Historie, Fantasie und Vision abgleicht und sämtliche eigentlichen Geschehnisse dadurch stark relativiert. Zweifellos, kaum erträgliche Eindrücke werden dadurch »heilsam« abgemildert. Weil jedoch immer mehr Erlebnisse vergleichbarer, beliebiger und im Vergleich auch quantifizierbar erscheinen, gibt es für persönliches Engagiertsein oder spontanes Eingreifen immer weniger Gründe.

Im Ernstfall sinkt jede Hilfsbereitschaft rapide ab, während das Bedürfnis nach Hilfestellung mindestens gleich stark bleibt. Von außen betrachtet, wirkt die Person von Draußen mit seinen Wünschen dann immer selbstgerechter, und die Versuchung, ihr ein »verdientes Schicksal« zu bescheinigen, wird größer.

USB, die Katze sitzt im Schnee

Draußen gibt's auch überall freies WLAN

Monique C. schlägt sich gut in Altmittelhochdeutsch, Englisch und Französisch schreibt sie perfekt. Sie redet als Spezialistin in Ärzteforen mit, diskutiert mit Koryphäen über spezielle Probleme bei Nierenoperationen. Erst während der Gespräche schnappt sie Fachbegriffe auf, sucht diese mit rasender Geschwindigkeit in Wikipedia und anderen Lexika, erfasst sehr schnell Zusammenhänge und gibt dann provozierende Kommentare ab. Das Problem bei dieser Blitzqualifikation ist, dass sie von alledem nie wirklich etwas zu verstehen lernt. Dennoch wird die NASA ihre erste Marslandung vermutlich Moniques innovativem Vorschlag zu verdanken haben.

Monique eine Blume zu schenken, endet im Desaster. Sie betrachtet das Flammende Käthchen in seinem armen Topf mit einem derart angeekelten Gesicht, dass es sofort einzugehen droht.

»Trojaner sind eigentlich Griechen«, sagt sie. »Die Griechen haben das Pferd voller Krieger nach Troja gebracht, nicht umgekehrt.«

Was heute die Garage ist, war früher der Pferdestall. Es gibt in der Stadt noch einige Hinterhöfe, in denen winterfeste Pferdeställe zu finden sind, meistens dort, wo früher Speditionen und

Fuhrunternehmen aller Arten angesiedelt waren. Sie wurden oft zu Spottpreisen als Lagerräume vermietet.

Monique besetzt mit ihren Computern und einer mageren, freundlichen Katze einen solchen, von ihr eigens ausgebauten Pferdestall. Der Mann, der den Stall als Lagerraum billig angemietet hat, übersieht sie. Der Strom fließt aus einer abenteuerlich von seiner Wohnung verlegten Leitung – wer weiß, was Monique ihm dafür anzubieten hat.

Es gibt in dem großen, dunklen Raum ein schmuckes, altes Waschgestell mit geblümter Schüssel und dazu passender Wasserkanne und einen winzigen Elektrokocher. Vom Dachbalken hängt eine mächtige Baustellenlampe, an den nackten Ziegelwänden sind noch rostige Schienen und Stahlhaken zu sehen, wo früher wohl Halfter, Sattel und Geschirr hingehörten. Leitungen, Kabel, summende Geräte, bunt blinkende Lämpchen überall. An einer der Wände ein riesiges, plump gerahmtes Gemälde, eine Kopie von Tischbeins »Goethe in der Campagna«, Monique hat es am Müllcontainer gefunden. Ein moosgrünes Sofa mit Ohrenlehne, ein moderner Drehsessel aus Chrom und Leder, davor eine große Holzplatte auf zwei Böcken.

Auf dem Tisch zwei Gamer-Laptops vom Feinsten, mehrere Monitore, ein Durcheinander aus beschriebenen Zetteln, DVDs, Festplatten, leeren und halb ausgetrunkenen Gläsern und Tassen. Außer einigen Tüten mit Gummibären sind keine Nahrungsmittel zu entdecken. Neben dem Tisch ein weiterer, kleiner Tisch, dort blitzt eine Hightech-Kaffeemaschine, daneben Büchsen mit teurem belgischem Kaffee, Milchdosen, Zuckertüten.

Eigentlich viel zu genau der Ort, den Filmproduktionen suchen würden, wenn sie einen Streifen über Hacker drehen wollen würden. Bis hin zu den Onkel-Donald-Heften neben der orangegefleckten Katze auf dem mit bunten, alten Teppichen ausgelegten Kopfsteinpflasterboden.

Ob mir eigentlich klar sei, weshalb das Konzept Micky Maus sowohl bei Kindern wie auch bei Erwachsenen so gut funktioniere?

»Ganz einfach deswegen, weil dort – außer in den Geschichten vom ›Kleinen Wolf‹ natürlich – der Vater und die Mutter niemals vorkommen. Onkel und Neffen, Einzelgänger, mal eine Oma, aber insgesamt ein elternloses Universum, was für eine Erleichterung!«

Monique hat mit sechzehn Jahren ihr Elternhaus verlassen, seither Vater und Mutter nie wiedergesehen. Sie ist sich sicher, dass ihre Eltern immer noch nur einen Bezirk weiter ihr schäbiges Dasein fristen.

»Die Nummer mit dem Samen und dem Ei, überhaupt diese ganze Vater-und-Mutter-Geschichte, das ist ein Konzept unter vielen, das kann so gewesen sein, muss aber nicht. Es gibt auch die verschiedensten anderen Möglichkeiten. Wenn Du schon über die alten Fragen nachdenken willst: ›Woher kommen wir, wo gehen wir hin?‹, dann such Dir hygienischere Varianten.«

»Zum Beispiel?«

Monique hat viele Beispiele, die meisten kommen aus den Bereichen der Technik. Wie sie gelangweilt begründet, dass man auch »direkt aus der Maschine hervorgegangen« und der ganze große Rest eine billige, schnell durchschaubare Verschwörung sein könnte, ist ein Drehbuch wert.

»Wer nichts wird, wird Wirt, und wer noch weniger wird, wird virtuell«, freut sich Monique. Aber die Zukunft sei nun einmal virtuell, nicht Teilchen, sondern Welle.

Berührungen hat sie nicht so gern, das ist zu teilchenhaft, darüber ist sie hinaus. Ja, sicher, Freunde gab es einige, aber wenn der oder jener dabei sein ›Ich liebe Dich‹ geächzt hatte, dann habe sie immer heimlich grinsen müssen. Monique hat Spaß daran, verdammten Geschäftemachern Schnippchen zu schlagen. Ihr geht es um die Wiederholbarkeit des Guten. Das Gute umsonst immer wieder erleben dürfen. Monique glaubt an die »Cheats« im Leben. Irgendwo sind sie versteckt.

Cheats sind Funktionen in Computerspielen, die Spiele-Programmierer versteckt untergebracht haben. Wenn man sie aktivieren kann, rufen sie grundlegende, positive Veränderungen für den Spieler hervor: Krieger haben immer genügend Munition, spezielle Waffen, die ansonsten in langwierigen Versuch-und-Fehler-Wiederholungen erst errungen werden müssen, stehen dem Helden sofort zur Verfügung, der Prinz auf der Suche nach der Prinzessin bleibt bis zum Erfolg seiner Mission unverwundbar, man kann ganze Level überspringen, geheime Areale, angefüllt mit im Spiel nützlichen Sachen, die man ansonsten erst mühsam entdecken muss, öffnen sich. Ein Cheat ist ein Glück spendender Umstand, der sich, tritt er einmal in Kraft, nicht mehr verbraucht.

Wer sich auf diese Weise dauerhaft belohnen lassen möchte, müsste sich tiefer einlassen auf die Denkweise des Spielprogrammierers. Monique meint, wenn sogar Mittelklasseprogrammierer auf die Idee kommen, Cheats in ihre plumpen

Spiele einzubauen, dürfte es völlig unmöglich sein, dass es sie im superintelligenten Design eines so komplexen Spiels wie dem des Kosmos nicht ebenfalls gebe.

»Die Erfinder von Spielen haben doch aber sicher markttechnische Anlässe, solche Cheats möglichst geschickt zu verbergen?«

»Ja. Nützt aber nicht viel. Nach verhältnismäßig kurzer Zeit hat irgendein Freak sie gefunden, und dann beginnt ein gnadenloses Gepetze im Internet. Es wird auch im sogenannten realen Leben nicht anders werden. Irgendwann findet einer die Cheats heraus. Und dann geht es voll ab!«

»Es geht voll ab? Was geht voll ab?«

»Denk an Musik. Jeder brennt sich DVDs mit seinen Lieblingsliedern, die kann er sich so oft anhören, wie er will, in vorherbestimmbarer Reihenfolge oder auch zufällig, ganz wie Du es haben möchtest. Noch geht es dabei nur um Töne, bei Videos auch schon um Abbilder. So wird es irgendwann aber auch mit viel komplexeren Sachverhalten sein, lass sie mal erst darauf kommen, wie man Formen und Gerüche und Geschmäcke digitalisiert, das dauert nicht mehr lange. Am Ende kannst Du Dir aus ganz vielen Leben Deine Lieblingsexistenz zusammenstellen, Du brennst Dir ein ›The Best Of‹-Leben und spielst es in Endlosschleife.«

»Klingt langweilig.«

»Ich steh auf langweilig.«

»Und dann fällt der Strom aus.«

Der Strom wird für Monique bald ein Problem werden. Ihr Nachbar, von dessen Wohnung die Kabel kommen, wird umziehen, dann ist ihr illegales Hightech-Nest in Gefahr, dann muss sie sich demokratische Papiere holen, sagt sie. Aber das dauert noch, und bis dahin kann so einiges geschehen, das ihr den verdammten Realitätsmist doch noch erspart.

»Was, wenn nicht?«

»So darf man einfach nicht denken. Das Leben ist zwar insgesamt Scheiße, aber es hat 'ne geile Grafik. Du wirst sehen, die Welle siegt über das Teilchen. Nimm einmal Funk, Wireless Lan oder Bluetooth: Du stehst hier, und ich stehe da draußen vor dem Fenster. Ich spiele ein Orchesterstück mit hundert Mitwirkenden in großartiger Qualität ab. Und das durchquert von mir zu Dir alle Leute zwischen uns, es ignoriert die Hausmauer und die Fensterscheibe und kommt in Deinem Ohr fast ohne Verluste an. Du kannst den Vorgang nicht sehen, seinen Weg kannst Du nicht wahrnehmen. Nichts, was zwischen Sender und Empfänger liegt, stört oder wird gestört. Und wenn das nicht nur wir beide machen, sondern zwanzig Leute – es funktioniert bei jedem, ohne dass ein heilloses Durcheinander entsteht.

Das, was wir nicht wahrnehmen, hat eine große, strenge Ordnung, und alles kommt eigentlich nur darauf an, dass wir gute Sender und Empfänger sind. Und dass unser Senden eine Richtung hat und unser Empfangen ein Motiv. Geist? Geist ist nur eine hilflose Bezeichnung für den Wellenzustand. Und wir, wir sind nur recht ungeschickte Manifestationen des Teilchenzustandes. Was mich betrifft, ich interessiere mich nicht so sehr für Teilchen. Sie sind umständlich und widerspenstig.«

Monique, achtundzwanzig Jahre alt, strahlt eine morbide Schönheit aus, sie hat die Hände einer Klavierspielerin, eine dunkle, einnehmende Stimme. Geld ist schon seit Jahren nicht mehr ihr Problem, sagt sie, sie kann Kanäle anzapfen, von denen Klugscheißer nicht einmal wissen, dass sie existieren, geschweige denn, wie sie funktionieren. Was Leute wie Edward Snowden der Welt zu sagen hatten und vielleicht noch sagen werden, das ist für Monique nur noch ein uralter Hut.

Menschen betrachtet sie mit tiefer Nachsicht wie seltsame Tiere in einem Zoo, aber es sind Tiere, mit denen sie nichts anzufangen weiß. Persönlicher Verkehr mit Menschen scheint etwas zutiefst Unreines für sie zu haben, selbst mit Chat-Bekanntschaften oder virtuellen Freunden mehr als zehn Sätze zu wechseln, ist ihr, wenn es nicht gerade um ein fachliches Problem geht, bereits deutlich unangenehm.

Man kennt sie als die »Eisfee«, und ein niedliches, kaltblaues Manga-Bild statt einer Fotografie sorgt dafür, dass man sich, wenn schon ein Bildnis, dann nur das selbst Vorgestellte von ihr macht. Wie sie aussehen mag, wenn sie alt ist, kann man sich gut vorstellen, die Umstände, unter denen sie ihr Alter erleben wird, nicht.

Auf ihrem Tisch liegt eine »Süddeutsche Zeitung«, eine Woche alt, harmlose Meldungen. Dreißig Zentimeter und zwei Mausklicks weiter beginnt eine ganz andere Welt, Moniques Welt, die sich dem mächtigen, aber trägen Apparat staatlicher Kontrollen fast völlig entzieht.

Verfügbare Zahlen über aktuelle Erkenntnisse dieser Welt sind nicht nur geschönt, sondern gelinde gesagt hilflose Frechheiten. Die Ängste des normalen Internetbenutzers sind dort nicht einmal einen Lacher wert. Das, wovon eine ganze Industrie lebt, von Viren- und Treiberproblemen und völlig unnützer Software, das ist aus Sicht und mit dem Kenntnisstand von

Monique alles Schreckmache für altgewordene und dummgebliebene Kinder, die noch keine Vorstellung davon haben, was bereits in kurzer Zeit virtuell auf sie zukommen wird und wie weit die Meldungen, die sie sich aus ihren Zeitungen und Fernsehendern holen, hinter der Realität zurück sind.

Sie hat recht damit. Tatsächlich hängt das Wissen der Kontrollierenden dem, was sich in der virtuellen Welt abspielt, um eine ganze Generation nach. Großspurig aufgemachte Expertenberichte sind einfach lächerlich gegen den real aufzuholenden Rückstand an Wissen und Erfahrung. Man sagt, dass Generalisten Spezialkenntnisse regelmäßig unterschätzen, die Wahrheit dieser Aussage wird ebenso regelmäßig unterschätzt.

Status quo: unkontrollierbar. Erschreckend sind die Zahlen: Von allem, was es in den Tiefen des Netzes gibt, gibt es viel. Die unglaublichsten Gruppierungen haben Hunderte und Tausende von Anhängern, zusammengerechnet ist es eigentlich fast unmöglich, einem von denen nicht spätestens morgen beim Einkaufen oder an der Straßenbahnhaltestelle zu begegnen.

Früher einmal hat Monique fotografiert und gemalt. Ihr Vater hat ihr ausrichten lassen, sie solle doch endlich einmal etwas malen, was man auch verkaufen könne, und das, sagt sie, ist es dann auch schon gewesen, seitdem ist er weniger als ein Fremder.

»Hier ein Forum, dort ein Chat, Monique, ob es möglich ist, sich sein Leben zu verchatten?«

Da lacht Monique und nickt dann vor sich hin.

»Manchmal«, sagt sie, »sehe ich mir selbst beim Tippen zu, ich meine, meinen Fingern. Ich beobachte meine Hände beim

Älterwerden. Dann gehe ich raus in den Hof, und manchmal auch auf die Straße. Da schaue ich mir die Lebensbalken der Leute an.«

»Die Lebensbalken?«

»Die gibt es in vielen Computerspielen. Es sind diese kleinen, grün leuchtenden Striche, die über den Köpfen der Spielfiguren schweben. Wenn die Figuren angeschossen oder sonst irgendwie verwundet werden, dann wechselt die Farbe ihres Lebensbalkens langsam nach rot. Ist ein Balken völlig rot, fällt das Männchen um und ist tot.«

»Und die Balken über den Köpfen der Leute draußen? Einigermaßen grün?«

»Frag mich bloß nicht!«

»Und mein eigener?«

»Na ja, geht so. In einem solchen Spiel gibt es ja außerdem auch Möglichkeiten, wieder etwas mehr grün zu bekommen. Beispielsweise durch kleine Mönche, die schwenken dann ihre Hirtenstäbe und murmeln Gebete. Während ein freundliches Glöckchen ertönt, rutscht das Todesrot langsam zurück ins Lebensgrün. Das geht auch, wenn man seine Figur in ein Haus mit Heilkraft bringt, oder wenn man einer guten Fee begegnet.«

»Aber, liebe Eisfee, im richtigen Leben scheint es leider immer mit einem roten Balken zu enden.«

»Ja«, seufzt Monique, »es scheint fast so, nicht wahr?«

Des Öfteren klopft es an der Tür des Pferdestalls, Besucher, meist junge Männer in dunklen Kapuzenpullovern, man drückt sich gegenseitig kleine Gegenstände in die Hände, wechselt einige Worte und verabschiedet sich dann gleich wieder. Die

Auftritte ähneln denen von Kunden beim Drogendealer, nur dass eben keine Grastütchen oder Kokainbriefchen den Besitzer wechseln, sondern es sich hier um eine Art Softwaredrogerie handelt.

»Kennst Du noch die riesengroßen Schwabbeldisketten? Die waren so groß wie eine Butterstulle, und es passte ein sagenhaftes Megabyte drauf. Und jetzt, nur fünfzehn Jahre später? Hier, auf das Ding geht eine halbe Million mal so viel.«

Die Liste von Moniques Identitäten, eine kleine Papierrolle an einem Monitor, ist lang: Squirty, Lady Chatterley, Fetthenne1848, Eisfee, Whipmistress, 2StiefelchenForYou, Ulrike_Breithaupt.

»Ulrike Breithaupt? Das ist die kleine Pfarrerstochter aus den ›Heiden von Kummerow‹!«

Monique ist begeistert, sie springt quietschend in ihrem Pferdestall herum, weil ich die »Heiden von Kummerow« kenne, eine zärtliche Dorfkinderromanze, die im Mecklenburgischen während der Zeit zwischen den beiden Weltkriegen spielt. Das hat sie ganz oft gelesen, sagt sie, und so möchte sie eigentlich auch leben, in einem kleinen, sonnigen Dorf, jeder kennt jeden, es gibt keine Geheimnisse. Kirche, Frisör, Apotheke und Gemüseladen sind nur ein paar Schritte voneinander entfernt, und einmal in der Woche fährt der staubüberkrustete, grüne Omnibus in die Stadt.

»Wird aber nichts mehr werden.«

»Warum nicht. Mach's doch.«

»Geht nicht mehr. Bin schon zu krank. Lass mal, nicht fragen. Ich kenne genug gute Ärzte im Netz, es ist nichts mehr zu machen bei der Eisfee.«

Sie zeigt mir ein Foto, das sie witzig findet, darauf ist ein Glas schmutziges Wasser zu sehen, vor welchem ein handbeschriebenes Klappkärtchen steht: »Schneemann vom Winter 2012, an Bastler abzugeben, nur Selbstabholer, Verhandlungsbasis € 25.«

»So«, sagt Monique, »wird's uns allen gehen. Nun guck nicht so bedeppert, da ist doch nichts Besonderes dabei, das sind doch nur die Teilchen.«

Und dann meint sie scheinbar zusammenhanglos:

»Die Schallmauer ist gefallen, die Berliner Mauer ist gefallen, die Lichtmauer wird fallen, die Zeitmauer ebenso. Du wirst sehen, am Ende währt ehrlich am längsten. Ehrlich und umsonst.«

Ehrlichkeit steht in aktuellen Umfragen auf der Liste der Erziehungsziele ganz weit oben. Getoppt wird sie nur von Höflichkeit. Ganz unten hingegen finden wir Religion. Nur jeder fünfte möchte seine Kinder zum Glauben erziehen. Doch mehr als vier Fünftel der Eltern wünschen, dass ihre Kinder ehrliche Menschen werden.

Der Tod macht die Musik

Draußen ist das Leben kürzer

Dass die realistisch nachvollziehbaren Hauptgründe für Obdachlosigkeit auf Arbeitslosigkeit, Verschuldung, familiäre Schwierigkeiten, Haftentlassung sowie ein schwaches soziales Umfeld zurückgeführt werden müssen, darüber besteht Einigkeit. Auch darüber, dass Obdachlosigkeit sehr oft mit Alkohol- und Drogenkonsum, polizeilichen und juristischen Komplikationen, mit Depressionen, Kindheitstraumata, seelischen Beeinträchtigungen und so fort einhergeht. Und auch darüber, dass es Obdachlosigkeit bereits lange, lange gibt.

Angenommen wird, dass noch bis vor recht kurzer Zeit zumeist Männer im Alter zwischen sechsundzwanzig und sechzig Jahren von Obdachlosigkeit betroffen waren. Im letzten Jahrzehnt erst ist der Anteil junger Erwachsener und Frauen in dieser Personengruppe stark angestiegen. Frauen gelten stabiler als Männer, sie gäben sich nicht so schnell auf wie diese und würden über viel längere Zeit versuchen, durch ein gepflegtes Äußeres nicht als wohnungslos aufzufallen.

Auch die Gründe dafür, dass Kinder obdachlos werden, sind bekannt: Zerrüttete Familien, Arbeitslosigkeit, Alkoholismus der Eltern und daraus resultierende häusliche Gewalt zählen ebenso dazu wie der enorm ansteigende Leistungsdruck, der Kinder und Jugendliche so stark belastet, dass sie ihr Zuhause in

Verzweiflung aufgeben. Rasch geraten Straßenkinder auf der Suche nach Übernachtungs- und Unterhaltungsmöglichkeiten an falsche Freunde. Während der schnellen Verwahrlosung und Verelendung der Betroffenen erscheinen Drogenkonsum, Kriminalität und Prostitution attraktiv.

Trotz der in Deutschland geordneten Zuständigkeiten für Obdachlose, vornehmlich durch die Agentur für Arbeit, das Jugend- und Gesundheitsamt, in manchen Fällen auch durch das Ordnungsamt, trotz Suppenküchen, Notschlafstellen, »Streetworkern« und einer Vielfalt von Beratungsstellen, die den Obdachlosen Möglichkeiten bieten, ihren Lebensalltag zu bewältigen, konnten Obdachlosigkeit und Nichtsesshaftigkeit nicht gemindert werden. Mittlerweile ist auch das Engagement für Problemlösungen – von Sinn und Qualität der Obdachlosenzeitungen über Motive und Geschäftsgebaren von Hilfsorganisationen bis Medien- und Druckerzeugnissen voller Biografie- und Situationsklischees, bruchstückhaften Anrissen der Problematik oder aktionslastigen Live-Berichten und Patchworks von »Expertenmeinungen« – ernstlich in Verruf geraten.

Mathias W. ist seit sechseinhalb Jahren ohne Wohnung und lebt ohne Papiere. Er lacht – laut, hell und sympathisch.

»Kein Dach überm Kopf? Das soll Draußen sein? Ich hab doch ein Dach über dem Kopf – da ist es!«

Sein Finger weist nach oben, in den Sternenhimmel über Bremen. Dann verrät er ein Geheimnis: Das da oben, das halten nur Idioten für Sterne. In Wirklichkeit sind die vielen hellen Punkte Löcher in einer dunklen Umhüllung, die uns alle umgibt. Das Licht scheint durch diese Öffnungen hindurch, das Licht der wirklichen Welt, die sich hinter diesem schwarzen Vorhang befindet.

»Schon mal darüber nachgedacht: Wenn die Sterne hell sind am dunklen Himmel – warum ist denn dann die Sonne nicht dunkel am hellen Himmel? Na?« Aber über so etwas schriebe ja nie jemand etwas, die Wahrheit sei eben gefährlich.

Kindheit? Jugend? Ganz normal eigentlich, sogar mal Klassenbester sei er gewesen, sagt Mathias W., dann eine Lehre als Installateur für Lüftungsanlagen. Den seltsamen Hang, alles umzudrehen, habe er wohl schon gehabt, seit er denken könne. Nein, keine Drogen, auch kein Alkohol, nicht einmal Zigaretten. Seine Spekulationen, die er selbst für ziemlich unterhaltsam hielt, verunsichern andere immer häufiger, machen ihnen Angst. Freundinnen und Freunde meiden ihn.

Eine Stimme aus dem Licht hinter dem dunklen Vorhang sagt ihm, er solle sich in Geduld fassen, bis er abgeholt werde. Sein Chef lässt einen Krankenwagen kommen; aus der Psychiatrie haut Mathias W. ab.

»Langweilig. Von denen da drin sind manche zwar schon ziemlich nahe dran, aber einen, der so weit war wie ich, habe ich nicht getroffen, nicht bei den Ärzten, nicht unter den Patienten. Keine geistige Herausforderung.«

Soziale Unterstützung? »Von wo man etwas nimmt, in diese Richtung muss man auch denken«, doziert Mathias W., und von Leuten, die Faulenzern und dreckigen Pennern helfen, solle man sich nicht kontaminieren lassen.

Er sieht nicht sehr sauber aus, grotesk abgemagert ist seine Gestalt.

Sein Ratschlag lautet: »Fasten! Möglichst nichts anfassen hier im Schweinestall!«

Er kratzt an einem großflächigen, nässenden Hautausschlag, der seine dürren Arme bedeckt. Nein, in die Hände der Ärzte möchte er nicht noch einmal fallen; so ginge es sehr vielen von denen, die auf der Straße lebten, entweder seien sie zu stolz oder zu verschämt, medizinische Betreuung in Anspruch zu nehmen.

»Ja, das weiß ich, dass das mein Recht ist, nach dem Grundgesetz. Aber Grundgesetze sind einfach lächerlich. Es gibt nur ein Gesetz.«

Welches Gesetz das ist, verrät Mathias W. nicht. Da gäbe es jedenfalls kein Buch, in dem es stünde.

»Wer nicht in sich selbst sein kann, der ist wohl immer ein wenig Draußen, oder? Wenn jemandem ständige Reizüberflutung von außen immer mehr Möglichkeiten nimmt, sein Innen gesund zu erleben, dann ist er Draußen. Außer sich. Ständig im Ausnahmezustand. Und Regeln, die wir ganz leicht einzuhalten vermögen, die wir gar nicht mehr als Zwänge begreifen, werden für so jemanden zu unüberwindlichen Hindernissen.«

Was Mathias meinen könnte, erläutert mir Psychiaterin Katharina B. am Beispiel eines Autos. Es scheint eines ihrer Lieblingsbeispiele zu sein, sie spult es ab, wie auswendig gelernt.

Sie sagt, wenn uns die Beachtung von Verkehrsregeln Draußen oder kuppeln und bremsen Drin in Fleisch und Blut übergegangen seien, dann würden wir so etwas eben einfach nicht mehr als unzumutbare Belastung begreifen, sondern Zeit haben, die vorüberziehende Landschaft zu genießen oder uns mit unserem Beifahrer während der Fahrt ganz entspannt zu unterhalten. Sie spricht von der im Verhältnis zum sozial angebundenen Normalbürger gewaltig großen Menge an letztlich völlig nutzlosen Informationen, die aufzunehmen ein Obdachloser täglich gezwungen sei, weil ja kein geschützter Privatbereich für ihn existiere, in welchen er sich bei Überbelastung zurückziehen könne.

Dass diese Informationsfülle zudem meist nicht – durch bestimmte Lebensziele geordnet – segmentär auf die Betroffenen einströmte, hingegen der Obdachlose ständig auf wechselnde Umstände reagieren müsse, die er viel weniger kontrollieren könne als Personen in einem verhältnismäßig geordneten sozialen Umfeld.

»Dazu Mangel an Möglichkeiten zur Hygiene und – aus welchen Gründen zunächst auch immer – das Fehlen von Mindeststandards an medizinisch fachkundiger Betreuung«, so erklärt sich die Psychiaterin Katharina B. die verschiedenen, einander durchdringenden Teufelskreise, in denen Obdachlose herumirren würden wie in Hamsterrädern.

»Das heißt: Erklären ist vielleicht doch falsch. Erklären kann ich letztlich gar nichts. Nicht mir und nicht anderen. Es ist bloß mein Beruf, so zu tun, als könnte ich's. Ich sage mal: Das Wichtigste ist und bleibt ein gutes Elternhaus. Was am Anfang falsch gemacht wird, das bügeln später meistens auch keine Therapien oder Medikamente mehr aus.«

Das Glück liebt auf der Straße

Draußen ist kein Literaturschutzgebiet

Stefan H., Ende dreißig, zwei abgeschlossene Studien, welcher Art möchte er nicht sagen, schwul, lange Zeit tätig in gehobener Position für eine Fluggesellschaft, seit vier Jahren auf der Straße.

»Dass Deine Sinne, Dein Geist, pausenlos überbeansprucht werden, ist ja nicht der wirkliche Grund, es ist nur die Wirkung. Wenn es Dir so geht, dann bist Du ja schon Draußen und kannst Dich nicht nach Drinnen zurückziehen.

Die Ursache, die liegt fast immer in Achtlosigkeit begründet. Achtlosigkeit im Umgang mit Deinen Mitmenschen, mit fremdem oder eigenem Eigentum. Das geht eine Weile, für den einen länger, für andere nur kurz, aber dann schlagen die missbrauchten Menschen und Dinge zurück. Eins nach dem anderen will Dich nicht mehr, so, wie Du es vorher verachtet hast.

Du fliegst überall raus, aus der Erinnerung der ehemaligen Freunde, aus der Wohnung, wo Du Dich auf einmal nicht mehr traust, den Wasserhahn aufzudrehen oder den Stecker in die Dose zu stecken. Überall glaubst Du zu hören: ›Verpiss Dich, Du stinkender Verbraucher! Hau ab hier, Du nutzloser Parasit!‹ Manche können am Ende nicht einmal mehr was von der Straße aufheben, ohne sich die Pfoten zu verbrennen, und alles, was sie sehen und hören, klingt, als wäre es gegen sie persönlich gerichtet, obwohl sie absolut nicht gemeint sind.

Die ganze Welt ist voller Flüche, und was machst Du dann? Das, was Winnetou macht, wenn die Prärie brennt: Du zündest ein Gegenfeuer an, krakeelst herum, vollführst seltsame Bewegungen, wedelst Dir die Geister vom Leib. Klappt aber nicht, das ist ja alles viel mehr und viel größer, als Du, inzwischen.

Also fängst Du an zu trinken, versuchst, das niederzusaufen. Aber woher nehmen, und nicht stehlen, den Schnaps und das Bier? Wie gesagt, bei manchen geht es ganz langsam den Bach herunter, und andere, die erwischt es über Nacht, die trifft der Blitz beim Scheibenwischen. Solche kenne ich selbst: Zwanzig Jahre oder noch länger als stolze Yacht in gutem Wetter gesegelt, und von einem Tag auf den anderen ein Wrack. Wer will sowas noch reparieren? Irgendwann sagt da auch der Gutmütigste dann: Ja, schade, aber das gehört versenkt. Irgendwie ist das aber auch – natürlich.

Erst bedeutet Dir das Gute zu wenig, dann bedeutet Dir das Schlechte zu viel. Und dann ist Sense, da helfen kein Kreuz und kein Galgen mehr.«

Genau eineinhalb Seiten von den zweihundertdreißig Buchseiten widmet das »Handbuch der Obdachlosigkeit« der »Literatur von unten«. Dabei gibt es so schöne Geschichten. Hier ist eine nach einer Erzählung von Marian V.:

»Es gibt nichts Gutes – außer man tut es!«

Die meisten wagten den Spruch nur bis zur Hälfte, auch meine Großmutter, und wenn mein Großvater trotzdem nicht aufstand aus seinem Sessel, um den Gartenweg zu harken, wie sie es ihm befohlen hatte, sondern lächelnd ergänzte:

»Es gibt ein Bestes – man lässt es!«, dann sagte die Großmutter stets:

»Das ist zu weit gedacht, Walter! Nun komm schon, gib Dir einen Ruck!«

Der Großvater gab sich den geforderten Ruck und holte die Harke mit dem scheinbar Jahrhunderte alten Stiel aus dem Schuppen.

»Was meint sie mit: ›Zu weit gedacht‹?«, fragte ich ihn.

»Ach«, antwortete der, »sie meint, das ist von zu weit hergeholt.«

»Von wie weit her hast du es geholt, Großvater?«

»Ach.«

Der alte, kleine Mann richtete sich auf, stützte sich auf den Harkenstiel und sah über die niedrigen Dächer der Siedlungshäuser hinweg bis hin zur blauen Linie der Bäume.

»Von dort hinten aus dem Wald habe ich es geholt, Junge«, sagte er dann; er streichelte mir den Kopf, lächelte sehr jung und harkte weiter.

Aus dem Wald, das war tatsächlich sehr weit, es war fast so weit wie bis zur Bahnstation, zu der man erst durch den Wald hindurch musste. Zu dieser Zeit dachte ich mir die Leute in zwei Gruppen geteilt, die einen lebten hier in der Siedlung vor dem Wald, und sie handelten nach der ersten Hälfte des Verses: »Es gibt nichts Gutes – außer man tut es.«

Die anderen hingegen wohnten hinter dem Wald, und deren Lebensgrundlage war: »Es gibt ein Bestes – man lässt es.«

Aus irgendeinem Grunde hätte ich gern hinter dem Wald gelebt, nicht wegen der vielen Möglichkeiten zur Faulheit, nein, aus irgendeinem, mir nicht bekannten Grunde.

»Kennen die Leute hinter dem Wald denn auch die erste Hälfte des Spruches, die, die Großmutter immer sagt?«, fragte ich den erstaunt aufblickenden Großvater. »Oder ist es bei denen umgekehrt, und der Anfang von dem Gedicht ist das Ende und zu weit gedacht?«

Aufmerksam sah mich der Großvater an.

»Manchmal sagst du seltsame Sachen«, sprach er dann leise. »Nach wem du wohl kommst?«

Dann fiel ihm auf, dass er damit ein mindestens ebenso umfangreiches Problem angesprochen haben könnte, und zwischen seinem Gespanntsein auf meine möglicherweise seltsame Antwort und seiner Rolle als einfacher, kluger, liebender Großvater entschied er sich dafür, mir den Eichelhäher zu zeigen, der sich gerade in der Blautanne niedergelassen hatte.

Der Großvater hatte Glück, der Eichelhäher verlor soeben eine Feder, sie segelte langsam auf den Rasen, von wo ich sie holte und sie meinem Großvater brachte. Wir hatten zu staunen, der Häher krakeelte in der warmen Sommersonne, ich stopfte Preiselbeeren in mich hinein, und der Großvater hielt mir einen wundervollen Vortrag über Eichelhäher, die Polizisten des Waldes.

»Vielleicht mag die Großmutter eben deshalb die zweite Hälfte des Spruches nicht«, dachte ich, »weil: Es gibt ein Bestes – man lässt es, und sie ärgert sich schon über sich, wenn sie es bis zur Hälfte nicht lassen kann.«

»Junge, nun ist es aber genug!«, schimpfte der Großvater mich zärtlich wegen der vielen ungewaschenen Preiselbeeren aus. »Der beste Arzt ist allezeit / Des Menschen eig'ne Mäßigkeit!«

Matt in drei Lügen

Draußen ist es viel zu hell

Norbert sieht gut aus. Mir fallen sofort etliche seriöse Rollen ein, mit denen ich ihn besetzen würde: Mr. President, Astronaut, Hauptmann der Phalanx, Systemlord. Das musste doch auch anderen so gegangen sein?

»Hat man Dich vielleicht einfach nicht entdeckt?«

Norbert C. war Maler geworden. Noch heute zieren seine meist großformatigen Bilder in Öl und Acryl Warteräume von Arztsprechstunden, Vorzimmer von Anwaltskanzleien, auch die Vorhallen zweier deutscher Landtage. Menschen gibt es auf Norberts Bildern selten zu sehen – meist hat er Insekten gemalt und ist dabei von fast fotorealistisch genauen Abbildungen zu feinsten, japanisch anmutenden Pinselstricheleien gekommen, was unter anderem daran liegt, dass er, nachdem er mit seinen Gemälden recht gut zu verdienen begonnen hatte, oft und gern nach Japan geflogen ist.

Norbert C. malt längst nicht mehr. Er habe einfach nicht mehr die Nerven für dieses verdammt harte Geschäft, sagt er. Norbert C. fliegt auch nicht mehr, jedenfalls nicht mehr Business Class. Er ist aber vor einigen Wochen aus einer ihm zugewiesenen Unterkunft für »betreutes Wohnen« rausgeflogen, weil seine dort allabendlich abzugebenden Urinproben »unerlaubte Werte« aufgewiesen haben.

Er erzählt viel von seinen Weltreisen und hat ein Talent für lustige Abstraktionen. Der Unterschied zwischen einem Japaner und einem Inder? Am besten daran zu erklären, was geschieht, wenn man nach dem Weg fragt und der Betreffende kann keine Auskunft geben.

»Der Japaner wird furchtbar leiden. Er wird gemeinsam mit Dir Stadtpläne suchen, sich für Dich bei anderen Passanten erkundigen, schließlich wird er Dir einen Polizisten rufen, und der geht dann schweigend neben Dir her, bis Du am Bahnhof angekommen bist. Fragst Du hingegen einen Inder nach dem Bahnhof, und er weiß den Weg nicht, wird er Dich ohne jedes Zögern gnadenlos anlügen. Er wird Dich mit wichtigem Kopfnicken und einem gewaltigen, sehr überzeugend klingenden Wortschwall ausstatten, der Dich nach sonst wohin führt, aber er wird keinesfalls zugeben, dass er etwas nicht weiß.«

Norbert hat seine eigenen Theorien über das Interesse der Japaner an Architektur und Fotografie. Die Tradition der Rücksicht, auf der das umsichtige Vermeiden von zu direkten Augenkontakten bestehe, gäbe es gar nicht bei den Japanern. Das sei einfach Angst.

»Das kannst Du ruhig glauben, nur Schiss ist das! Weil die zu feige sind, den Menschen in die Augen zu sehen, weichen sie natürlich mit den Blicken immerzu auf die Gegenstände aus. Und so haben sie über Generationen eine maßlos übersteigerte Lust am Unpersönlichen entwickelt. Wenn es ihrem Nächsten dreckig geht, sehen sie das nicht, da gucken Sie sofort weg und nennen es Sensibilität. Aber sobald an einem Gebäude auch nur ein Steinchen fehlt, zücken sie begeistert ihre Kamera. Das ist alles nur Asozialität und Feigheit.«

Norberts Frau, seine Liebe, sein Glück, sein Untergang, war Stewardess bei der Lufthansa, und er hatte mengenweise Freiflüge.

»Weißt Du, und weil ich nicht war wie die anderen Touristen«, sagte Norbert verschwörerisch, »habe ich in Delhi zu einem Taxifahrer gesagt: ›Nun fahren Sie mich doch mal dahin, wo Sie einen Touristen nie hinfahren würden‹.« An den Stadtrand wurde er kutschiert, in einen Bezirk, den man »die Waschstadt« nannte. Tausende der allerschäbigsten Hütten, aus Brettern, Karton und Blech zusammengebaut, davor große Natursteine, auf denen die Wäsche mit Stöcken sauber geklopft wurde. Ausgebreiteter Stoff überall, so weit das Auge reichte.

»Nachts sieht es dort aus wie nach einem Gasangriff«, erzählt Norbert. »Die legen sich einfach zwischen die Wäsche auf die Straße zum Schlafen. Das geht ein Leben lang so, die Kinder erben den Waschstein und so weiter und so weiter.«

Vielleicht ist es der Neid, der zur Bescheidenheit schlechtes Gewissen sagt. Den Rausschmiss aus seiner Unterkunft für »betreutes Wohnen« sieht er gelassen: »Irgendeine Droge braucht der Mensch«, winkt Norbert ab. Früher war es die Malerei, Workaholic. Dann Crystal Meth, aber das Hochgefühl war ihm zu künstlich, bloß gut, dass er davon so schnell wieder wegkam – wenn er sich die Crackleichen so anschaut, die immer mehr werden.

Seiner Frau hat er irgendwann einfach offen gesagt, dass sie so etwas wie die personifizierte Zeitverschwendung für ihn sei. Er ist ausgezogen, hat sich ein Dachatelier gemietet und gemalt, gemalt, gemalt. »Male, Maler, rede nicht.« Dann hat er sich ein Mikroskop gekauft, er wollte seine Insekten besser studieren.

Auf einmal hatte er kein Glück mehr mit seinen Bildern.

»Ich musste immerzu an sie denken. Kennst Du den verdammten Unterschied zwischen an jemanden denken dürfen und an jemanden denken müssen? Ständig schwamm mir ihr Bild vor den Augen. Ich hatte ihr doch schon längst nichts mehr zu sagen! Also stellte ich mir in meinem Geist vor, wie sie sich in einen großen Käfer verwandelte, in so einen Kafka-Käfer. Den schlug ich zwischen zwei Backsteinen zu Brei, wieder und immer wieder. Ich tauchte den Scheiß-Käfer in Säure unter, verbrannte und kreuzigte ihn. Aber der glotzte bloß mit seinen widerlichen, leeren Facettenaugen und wurde wieder zu dieser Frau, die mich stumm und vorwurfsvoll anstarrte.

Dann fing ich zu trinken an, Whiskey, Wodka, Weinbrand, eben die drei wunderbaren ›W‹. Das half auch, sie verschwand. Bloß tauchte auch nichts Neues mehr auf, alles war vertrocknet, dunkel und leer in meinem Kopf. Keine Träume, keine inneren Filme, nicht mehr so, wie ich das von früher kannte, keine Inspiration. Ihr aufdringliches Bild war sozusagen der letzte Traum in meinem Leben gewesen. Von da ab – nichts mehr, ausgebrannt, Asche.

Immer, wenn ich nüchtern wurde, war mir das Licht zu hell. Also legte ich nach, hielt mich immer auf einem gewissen Level des Suffs, das ging bald ins Geld. Malen, ausstellen und verkaufen, das konnte ich ja schon längst nicht mehr. ›Kodokushi‹ – so nennen die Japaner den einsamen Tod.«

Ein Bekannter hat Norbert kürzlich auf die Idee mit den Darkrooms gebracht, dort kann man im Dunkeln Sex mit Unbekannten haben, keine Gesichter, keine Fragen.

»An den Freitagnachmittagen ist Sonderangebot, der Eintritt kostet dann nur acht Euro – komm doch mal mit!«

»Klingt nicht sehr hygienisch.«

»In fünf Litern Flusswasser aus dem Ganges«, weiß Norbert C. dagegenzuhalten, »befanden sich 2014 durchschnittlich fünfhundert Milliarden Bakterien von dreitausendsechshundert unterschiedlichen Arten. Deutsche Wissenschaftler bescheinigen, dass ein Schluck Gangeswasser heute eigentlich den sofortigen Tod nach sich ziehen müsse. Im indischen Teil dieses Flusses baden jährlich etwa fünfundsechzig Millionen Menschen. Kalkutta und Berlin sind elf Flugstunden voneinander entfernt.«

Selbst Norbert C.s Indergeschichten funktionieren nur ohne Norbert C.

Gern würde ich mit einer Pointe enden, vielleicht etwas, wie: »Ja und dann, an einem Freitagnachmittag, ging er in einen Darkroom. Und von dort ist er bis heute nicht wieder herausgekommen.«

Aber wir haben uns einfach irgendwann nicht mehr getroffen.

Frau Tietz steht vor der Eingangstür eines Berliner Bezirkssozialamtes, wo sie ein billiges Zigarillo raucht. Zaghaft lächelt sie zu der Frage, warum denn heute in Deutschland noch jemand obdachlos sein müsse.

»Manche stecken beim ersten Formular, das sie ausfüllen sollen, wieder auf«, sagt sie. »Andere können sich Obdachlosigkeit einfach genauso schwer abgewöhnen wie ich mir das Rauchen. Ich weiß, das ist keine Erklärung. Was halten Sie von: Bergab geht es nun einmal schneller und müheloser als bergauf?

Sind Sie als Kind gern gerodelt? Ich mache meine Arbeit hier das sechzehnte Jahr; manchmal kann ich jemandem helfen, der kommt oder gebracht wird. Aber erklären kann ich gar nichts, jedenfalls nichts, das mich selbst zufriedenstellen würde.«

Es gibt viele Studien zur Lebenserwartung. Fazit ist oft der sozialökonomische Status, der sich aus Beruf und Einkommen ergibt. Demnach haben Beamte im Schnitt die höchste Lebenserwartung, gemeinsam mit katholischen Pfarrern. Man kann daraus schließen, dass Belastung im Beruf, gutes Einkommen mit bester medizinischer Versorgung vor allem auch nach dem aktiven Arbeitsleben die wesentlichen Faktoren für ein langes Leben sind.

»Nach einer englischen Studie der Universität Sheffield mit dem Titel ›Homelessness – A Silent Killer‹ von 2011 haben Obdachlose eine um dreißig Jahre geringere Lebenserwartung, Frau Tietz.«

Frau Tietz prustet protestierend Rauch aus. »Studien, Statistiken, Churchill, dicke Zigarren«, meint sie, schüttelt verächtlich den Kopf und tritt ihr Zigarillo im Schnee aus. Der arme, alte Mann, unser Bild zum Obdachlosen, er wird sehr jung sterben.

Auch in Deutschland häufen sich Studien und Statistiken über die Anzahl an Obdachlosen. Die Bundesarbeitsgemeinschaft Wohnungslosenhilfe zum Beispiel führte für Ende 2009 zweihundertsiebenundzwanzigtausend Wohnungslose bundesweit auf; Ende 2011 galten rund eine viertel Million Menschen ohne durch Vertrag abgesicherten Wohnraum.

Hierzu werden allerdings auch jene gerechnet, die in Heimen beziehungsweise Frauenhäusern wohnen oder ohne Mietvertrag in Kommunen. Andere Erhebungen gehen von bis zu fünf Prozent der Bevölkerung Deutschlands aus.

Für 2004 ging die Bundesarbeitsgemeinschaft Wohnungslosigkeit mit kaum zu überbietendem Optimismus von folgenden Zahlen aus: Auf der Straße leben etwa zwanzigtausend Menschen, davon etwa zweitausend Frauen; es gibt etwa fünf- bis siebentausend Straßenkinder. Lassen wir es genug sein. Auch die unbestechliche Weisheit von »Wikipedia« zu diesem Thema wechselt nahezu wöchentlich.

Im Draußen, am äußersten Rand der Gesellschaft angekommen, fallen Obdachlose aus der Statistik. Hohe Dunkelziffern, enorm differierende Zahlen. Das meiste davon – mit Verlaub – wenig glaubwürdiger Unfug. Mir erscheinen viele dieser sonderbaren Studien inzwischen wie neoliberale Zückerlis. Das »Handbuch Wohnungsnot und Obdachlosigkeit« habe ich nach dreißig Seiten kopfschüttelnd weggelegt und »Die dritte Haut. Geschichten von Wohnungslosigkeit in Deutschland« nicht mehr aufgeschlagen. Verzeihen Sie, aber jede Verscheißerung in Sachbuchgestalt sollte Grenzen kennen.

Bereits seit den Achtzigern streiten alle Bundesregierungen die Existenz von Wohnungsnöten immer wieder mit dem Verweis darauf ab, dass die Zahl der pro Kopf verfügbaren Wohnfläche ständig steigen würde. Die Pflichtausgaben für die Behebung von Wohnungsnot und Obdachlosigkeit in deutschen Ballungsgebieten verschlingen indes inzwischen jährlich mehr als die Hälfte des verfügbaren Sozialetats.

Wird hier in Deutschland nicht übrigens jede Kleinigkeit gezählt? Weshalb nicht die Wohnungslosen? Keine wissenschaftlich gesicherten Zahlen, weil sie schockieren könnten?

Die Sprecherin des Bundessozialministeriums sagt Nein. Aufwand und Kosten einer bundesweiten Erhebung stünden nur einfach in keinem angemessenen Verhältnis zum Erkenntnisgewinn; die Bekämpfung der Wohnungslosigkeit falle unter kommunale Zuständigkeiten, und bei den Kommunen wäre das Interesse an einer bundesweiten Statistik nur gering.

Rainer, etwa fünfunddreißig Jahre alt, keine Wohnung, keine Ausweise.

»Es gibt welche, die mit Worten lügen, und welche, die mit Zahlen lügen. Und die besonders brutal sind, die nehmen beides. Sie untermauern ihre unglaublichen Buchstabenkolonnen mit präzise aussehenden Ziffern, aber die sind ebenso frei erfunden. Was sie Dir vor die Nase halten, das sieht dann so wichtig und ernst und unwiderlegbar aus, dass Du es kaum noch wagst, überhaupt einen Verdacht zu haben. Insgeheim schwärt zwar so ein dumpfes Gefühl in Deinem Magen, dass irgendwas nicht stimmen kann.

Mir machen ›Daten und Fakten‹ nur noch Magenschmerzen, glauben kann ich von alledem längst nichts mehr, nicht einmal mehr Uhrzeit und Kalender. Immer häufiger denke ich, wenn diese Zahlen- und Zeilenwahrheit ein riesengroßer Schwindel sein kann, dass sich auch die Sache mit dem Sterben und dem Tod am Ende als eine große Lüge herausstellt. Dass nur die Angst haben müssen, die so dumm sind, an Angst zu glauben. An die eigentlich so hilflosen Zahlen und die lächerlich ernsten Buchstaben der Angst.

Das sind Gegenkräfte, die stehen immer im Verhältnis. Das Verhältnis zwischen der Realität und dem Märchen etwa. Es ist kein Gutes derzeit, es schaukelt sich immer weiter hoch. Wo die Geschichten immer blöder werden, wird die Realität immer härter – geh doch mal ins Kino.«

»Ein Interesse daran, die Obdachlosenzahlen möglichst gering zu halten und hohe Dunkelziffern als unhaltbare Spekulationen zurückzuweisen, warum sollte es das geben?«

»Weil damit zahlenmäßig eine intellektuelle Elite indirekt aufgewertet wird.«

»Und was für eine Elite sollte das denn sein?«

»Nun zum Beispiel eine Elite, die Diskussionen darüber, ob ein Herr Sarotti in vielen seiner Statistiken den Produkt-Moment-Korrelationskoeffizienten nach Bravais/Pearson mit dem Determinationskoeffizienten verwechselt hat, für nützlicher hält, als ein offenes Ohr fürs Volk zu haben.«

»Sarotti? Du meintest Sarrazin?«

»Sagte ich das nicht? Bestimmt hast Du nicht richtig hingehört. Wieso ist übrigens ›Mohr‹ ein Schimpfwort? Soweit ich weiß, meint es ›Maure‹, also Staatsbürger von Mauretanien. Ach, was soll's, meine ehemalige Freundin hat mal gesagt, Negerkuss wurde bloß deswegen verboten, weil die Weißen es nicht ertragen, dass Neger nun mal besser küssen können. Das ist schon fast intellektuelles Elitedenken, findest Du nicht?«

»Seid Ihr noch zusammen?«

»Ach, irgendwann hatte der Mohr seine Schuldigkeit getan und durfte gehen, aber das ist eine ganz andere Geschichte. Im Grunde glaube ich, dass Frauen Männer viel besser ertragen als Männer Frauen, aber frag mich nur nicht, woran das wohl liegt, das weiß der Teufel!«

»Der weiß das?«

»Na klar doch. Sonst wär er ja nicht der Teufel, oder?«

Rainer ist ziemlich schlau. Wo er herkommt, was er gelernt hat, darüber will er nicht reden.

»Die alten Fragen, immer die alten Fragen: Wo kommen wir her, wo gehen wir hin? Frag mich was anderes.«

»Da ist mal ein Satz bei mir hängengeblieben, von ›einer Zeit, in der Moral und Schönheit noch nicht voneinander getrennt waren‹. Das hat mir gefallen. Da sah der Teufel noch aus wie der Teufel, weil er es eben verdient hatte, hässlich zu sein und zu stinken. Aber was man uns beigebracht hat? Wer glauben möchte, dass Moral und Schönheit eins sein können, der darf hier eigentlich nichts mehr glauben. Das gibt's ja nur im Märchen, sagt man. Und genau da möchte ich wieder hin, ins Märchen.«

»Gibt's da nicht auch Ungeheuer und Drachen und so lauter Gewürm?«

»Na und? Risiko! Das Risiko, zu glauben, dass das hier gut geht, ist wesentlich höher. Was ich hier sehe, das sind Glücksspiel und der blanke Übermut. Vielleicht weiß ich nicht, wo der Ausgang ist, zugegeben. Aber es gibt auch andere Ausgänge als die durch den Raum oder durch die Zeit, da bin ich mir sicher.«

Das Draußen hat viel mehr mit dem Faktor Zeit zu tun als mit dem sinnlich Erfahrbaren, dem geistig Vorstellbaren oder dem, was durch die Intelligenz geleistet werden könnte. Es bringt sinnliche Nachteile, sich nicht um seinen Körper zu kümmern. Es ist dem Traum abträglich, undisziplinierten Geist wüten zu lassen, und die Angebote der Intelligenz nicht für erstrebenswert zu halten, erzeugt unerträgliche Einsamkeit.

Richard meint, wenn man diese drei Größen in Ruhe lässt, gewissermaßen von ihnen »fastet«, dann gehen sie durchaus nicht verloren. Sie verlieren nur ihre Verbindung zur landläufigen Vorstellung von Zeit, mit deren Ende alles endet. Gewissermaßen besännen sich dann Körper, Geist und Intelligenz wieder auf ihre ewige Wirklichkeit.

Richard ist mit Absicht verwahrlost, doof und uneinsichtig, für ihn ist das eine besondere Art der Sparsamkeit. Da, wo es sich lohnen würde, könne er sich jederzeit scharfsinnig geben, mit geistigen Glanzleistungen brillieren und dazu einen Smoking tragen – aber hier auf dieser Welt lohne es sich nun einmal nicht. Richard ist sich sicher, die Welt überleben zu können. Irgendwann wird dieses selbstzufriedene Ungeheuer schon aufgeben, sich auflösen, verschwinden, und eine neue Welt breitet sich dann unter Richards schmutzigen Füßen aus, ein neuer Himmel spannt sich über seinen verfilzten Haaren. Das ist dann, als würden alte Klamotten von einem abfallen.

Einmal haben sich welche von der kleinen Heilsarmee-Station an der Wichertstraße den »Ewigen Richard« geholt. Seele, Suppe, Seife, sie haben ihn geschrubbt und frisiert, ihm neue Sachen angezogen. Welt und Himmel waren dieselben geblieben, nur Richard, angetan mit sauberer Cordhose, recht hübsch aussehender Anzugjacke, einem seltsam rosig und sauber schimmernden Gesicht und Bürstenhaarschnitt, schien ein ganz anderer geworden. Eigentümlich dümmlich glotzte er mit seinem meerblauen Blick in der Gegend herum, nicht einmal mehr wütend war er, weil man ihm ja sozusagen seine Ewigkeit ausgezogen und vom Leib geschrubbt hatte.

Irgendwer, erläuterte Richard gleichmütig, ließe einen immer mal wieder zur Ader, nehme einem immer mal Blut ab, heimse sich die Verdienste fremder Sparsamkeit ein. Damit müsse man eben leben, die würden schon alle noch sehen, was sie von ihren heimtückischen Diebstählen hätten. Und ganz langsam, von Tag zu Tag auf dieser falschen Welt unter ihrem falschen Himmel, inmitten dieses unseligen Irrtums von Weltall, wird der »Ewige Richard« wieder dreckig, seine Haare verfilzen, seine Blicke werden erneut böser und schärfer. Richard ist sich sicher:

»Diese Scheißhaufen von Sozialarbeitern und die verdammte Heilsarmee, sie werden schon irgendwann aufgeben.«

Weshalb, wenn das alles so grausig ist, nehmen so viele die ihnen angebotenen Möglichkeiten nicht wahr? Was erhoffen sie sich von ihrem Leidensdruck, wenn sie doch Erleichterung erfahren könnten? Dass sie der Tod belohnt, wenn sie sich vom Leben bestrafen lassen? Die zärtliche Hand des Heilands, eine Wohnung im ewigen UFO des Herrn, zweiundsiebzig Jungfrauen oder den immer während lebensspendenden Schutz von Buddha im glorreichen Land des Lotos? Ist nicht die Definition für Wahnsinn: Immer wieder dasselbe tun und andere Ergebnisse erwarten?«

Pfleger Peter H. seufzt resigniert. Das mit den Richards, das sei wie bei den Bombenangriffen im Zweiten Weltkrieg.

»Da haben sie in den Kellern gehockt und gejammert: ›Lieber Gott, trockenes Brot will ich essen mein Lebtag lang, wenn nur diese schrecklichen Bomben nicht mehr fallen!‹ Und kaum hat es aufgehört, da machen sie so weiter wie vorher und betrügen ihren Nachbarn um die Butter für das trockene Brot.«

In Kino veritas

Draußen ist, wenn nach dem Film das Licht angeht

Als Karl G. »Star Trek«-Fan wurde, war der Kult längst vorbei. So sei es eigentlich immer in seinem Leben gewesen, schmunzelt Karl G., sobald ihn etwas begeisterte, musste er feststellen, dass die Angelegenheit bereits aus der Mode war.

»Also entweder hat Buddha recht und es gibt nichts wirklich, noch nicht einmal die Buddhisten, dann ist auch alles egal, was man versucht. Oder es gibt alles wirklich, ja, und dann gibt es eben auch das Raumschiff Enterprise wirklich, und es gibt natürlich auch einen wirklichen Weg, wirklich dorthin gelangen zu können, um dort mit dem wirklichen Captain Picard wirklich eine Tasse Earl Grey trinken zu können.«

Das seien seine, Karls, Ideen von »alles oder nichts« und von »entweder – oder«.

»Und Du kannst mir das nun entweder glauben oder nicht«, meint er. »Den Rest habe ich so weit es geht durchgedacht.«

Mit Karl im Kino. Natürlich »Star Trek«. Im Grunde eine großbürgerliche Seifenoper von der Schönheit der Moral, die man sich leisten können darf. Die Missionierung ganzer Planetensysteme in nur ein paar Minuten, durch einige markige Reden des Captains Jean-Luc Picard über Moral und Ethik. Karl G. flüstert die Reden mit, er kann die Dialoge seiner Helden auswendig, auch die eigentümlichen Kehllaute der Vertreter verschiedener außerirdischer Rassen.

Dieses ganze Universum – die Idee eines arbeitslosen Verkehrspolizisten aus Chicago. Sie hat ganze Generationen inspiriert. Bill Gates, Steve Jobs, Bill Joy, sie ließen verlauten, ohne »Star Trek« wären sie nie geworden, was sie nun seien.

»Karl, die spielen das nur! Sie spielen Geschichten, auswendig Gelerntes aus Manuskriptseiten, die aus Papier bestehen. Für Scheiß-Dollars spielen sie Dir Geschichten vor, vom Edelkommunismus im Zentrum der Milchstraße. Und Du zahlst ein paar tausend Kilometer entfernt über Jahre die Stromrechnung dafür. Das alles haben sich welche ausgedacht, und zwar aus dem gleichen Grund – wegen Dollars!

Lass den Unsinn abgeschaltet und lach darüber! Lebe! Du wirst krank in Deinen Fantasien, und diese Drehbuchschreiber und ein paar Stars leben von Dir. Stars sind nicht Sterne, Karl, und Geschriebenes ist nicht die Wirklichkeit! Was magst Du lieber, Karl? Zärtlichkeit oder ein Buch darüber?!«

»Und mit meiner Zeit zahle ich obendrein!«, pflichtete Karl G. fröhlich bei.

»So oft ich auf dieses Thema komme, scheine ich meine Zeit sinnlos zu verbrauchen. Und der Tod kassiert. Auch jetzt.« Sein Gesicht wird wieder ernst.

»Doch Kinder spielen auch! Alles Mögliche spielen sie, Feuerwehrmann, Polizist, Doktor, Astronaut. Vielleicht werden nur die Wenigsten das, was sie am liebsten spielen, aber warum soll ich zu den anderen gehören – zu den Meisten?!«

»Du bist unbelehrbar! Schlechte Schauspieler wie Kirk und Co. finden vielleicht immer noch ein gutmütiges Lächeln irgendwo im Universum, Karl, auch wenn sie in Folge sechs ein paar Planeten mit Billionen von Einwohnern zerballern.

Aber in der Realität? Du meinst die Welt der großen Entscheidungen. Ich denke, umso generalistischer die Sichtweise, umso höher der Überblick, desto größer der Kollateralschaden.«

»Nun ereifere Dich mal nicht. Ich habe gar nicht vor, über das Schicksal des Sonnensystems mitzuentscheiden. Wie ich Dir schon sagte, möchte ich mit Captain Picard Earl Grey trinken. Nur das. Alles Weitere wird sich dann schon finden.«

»Wie wäre es, wenn Du zunächst einmal versuchen würdest, mit diesem Schauspieler Patrick Stewart Tee zu trinken, der den Captain darstellt? Hätte das nicht was von ›den Dienstweg einhalten‹?«

Karl G. überlegt eine ganze Weile. Dann zeigt er mit dem Finger auf mich, lacht freundlich und sagt:

»Haha! Netter Versuch!«.

Später sagt er: »Ich habe oft gedacht, dass viele von denen, die verkommen auf den Straßen herumirren, sowas wie Computer sind, deren Betriebssysteme nur noch mit Mindesteinstellungen funktionieren. Ich meine, was ist denn unser reiner Materialwert? Und ist nicht alles, was darüber hinaus über uns zu sagen wäre, unbewiesene Spekulation? Ein neues System draufspielen, vernünftige Software, etwas hingebungsvolle Programmiermühe, ein paar Arbeiten am Gehäuse, und schon sieht das alles wieder ganz anders aus. Das ist so teuer eigentlich nicht, es gehört nur ein wenig Überwindung dazu.

Natürlich müsste man denen vorher die Festplatte schrubben oder zumindest haufenweise Viren entseuchen, und die Hardware wird auch nicht immer vom Modernsten sein. Aber machen kann man selbst mit den ältesten Modellen noch was, und wenn man sie nur ordentlich aufpoliert und dann an Nostalgiker verscheuert.

Ich will damit nicht sagen, dass man arme Leute putzen und verkaufen soll, das ist ja eher das gegenwärtige Staatsdenken: Unbedingt am Laufen halten. Hauptsache, die Lämpchen glühen schön bunt und es sieht von Weitem so aus, als wenn alles in Ordnung wäre, für irgendwas ist jeder noch zu verwenden, und wenn man ihn irgendwo acht Stunden am Tag eine Kiste im Kreis schleppen lässt, damit die Quotenvorgabe erreicht wird.

Nein, ich meine eher, dass schon mit nur etwas weniger Achtlosigkeit und Vernachlässigung ziemlich viel zu erreichen wäre. Nicht nur bei verrotteten Menschen, nein, überall, selbst bei Kleinigkeiten. Auf einmal wird aus irgendeiner alten Krücke eine Antiquität, und Du wirst die ganzen Japaner gar nicht mehr los, die Dir das Ding abkaufen wollen. Sicher, nicht jede Ruine ist es wert, dass man sie zu einem Museum restauriert, manches muss man eben auch einfach abreißen. Ich finde nur, wir haben uns alle viel zu sehr ans Abreißen gewöhnt, ans Wegschmeißen, daran, dass wir dem, was wir gedankenlos hinter uns werfen, auch garantiert nicht mehr von vorn begegnen werden.

Aber genau das passiert, ganz vielen von uns geschieht genau das, und dann wundern wir uns, dass wir anfangen, einen Verantwortlichen dafür zu suchen, für den Dreck, den wir selbst angerichtet haben, und nur schwer einen finden. Ich denke, aus dem, was wir zurücklassen, besteht ja letztlich unsere Vergangenheit, und da passe ich doch lieber auf, was die Mülltonnen angeht, den Aschenbecher und auch das Klosett. Wenn nun unsere Zukunft das ganz genauso machen würde, uns ihren ganzen Abfall überstülpen, uns zuschüttet mit Verächtlichkeit und all dem, was sie für Plunder hält und nicht mehr gebrauchen kann? Möglich, dass es sich so verhält.

Aber dann kann ich immerhin noch meine Vergangenheit besser behandeln, als meine Zukunft mich behandelt. Und irgendwann kann ich dann sagen: Nein, das ist nicht mehr meine Zukunft, mit so einer Dreckschleuder habe ich nichts mehr zu besprechen. Kann sein, dass ein solcher Abschied schwer wird, wer will sich schon gern von seiner Müllkippe Vorschriften machen lassen?

Was jedoch immerhin dabei herauskommt, ist: Man kann vor sich selbst geradestehen. Man hat sich nicht versuchen lassen, sondern man hat es versucht. Klingt das kompliziert? Ich glaube, es ist einfach so ähnlich wie: ›Wie Du mir, so ich Dir‹. Was mich angeht – Du siehst ja, ich stehe auf alten Plunder, das meiste von dem bisschen, was ich habe, ist aus dem Mist gezogen.

Wir sollten einfach nicht aufgeben, jeder in seiner Welt. Ich bin ja auch irgendwie einer von diesen uralten Computern und wünsche mir manchmal ein paar zeitgemäße Bauteile, ein leistungsstärkeres Antivirusprogramm, ein ordentliches Update. Oder doch wenigstens, dass man mich nicht sinnlos im Leerlauf braten lässt, bis mir der Prozessor durchbrennt, oder dass man mir einfach den Stecker rauszieht. Na ja, wir Roboter eben, und unsere Wünsche, was?«

»Ich verstehe das mit dem Vorwärtskommen nicht ganz, Karl. Du redest immer von Deinem weiten Weg und bewegst Dich eigentlich doch nur innerhalb von zwei Quadratkilometern von der Jannowitzbrücke übern Alex bis zum Hackeschen Markt. Jeden Tag.«

»Eins, zwei, drei, vier, wo ist das Problem?«, fragt Karl G. »Wenn jemand weiterkommen möchte, kann er seine Schritte so zählen: Eins, zwei, drei, vier, fünf ... Manche kommen aber eben nicht linear weiter, in der Reihe der natürlichen Zahlen. Aber für die gibt es ja das Pi. Jemand, der bei drei Komma eins-vier immer wieder Halt machen muss, so wie ich, der wird vielleicht nie erfahren, wie es bei der Vier oder bei der Fünf aussieht. Aber Runde für Runde in seinem Teufelskreis, den er täglich läuft, lernt er das Pi um eine Stelle hinter dem Komma genauer kennen, die Dinge, die Leute, die Sachverhalte, alles immer genauer. Und immer deutlicher offenbart alles seine eigentliche Bedeutung.«

»Seine eigentliche Bedeutung? Als Wegweiser zum Raumschiff Enterprise, ins zweiundzwanzigste Jahrhundert?«

»Ins vierundzwanzigste. Stör Dich nicht dran, wenn Du es nicht gleich verstehst – Pi ist schließlich eine sogenannte irrationale Zahl. Sagen wir es so: Es geht dann eben nicht geradeaus vorwärts, sondern gewissermaßen seitwärts.«

»Mir hat erst kürzlich jemand eine Geschichte erzählt, die ihm bei der Nationalen Volksarmee der DDR widerfahren war:

›Sie hatten mich dabei erwischt, wie ich ein paar Flaschen Bier mit in die Kaserne bringen wollte. Der Spieß, ein unglaublich dummer Fatzke, bekannt für seine anmaßenden Grobheiten und ekelhaften Gemeinheiten, ein Kerl, der kaum zum Schreiben in der Lage war, dessen Wortschatz sich auf ein paar fiese Witze und ein paar Befehle beschränkte, und dem niemand beim Essen zusehen konnte, sagte zu mir, ich hätte zur

Strafe Wache zu stehen. Zehn Stunden, schweigend, bewegungslos, Gewehr in Vorhalte.

Er brachte mich zu so einer Art Schilderhaus am Kaserneneingang, und mir grauste vor den zehn Stunden unter sengender Sonne. Ziemlich hilflos schaute ich am endlos langen Zaun entlang, der das Gelände umgab, und ich dachte in einem Anflug von Galgenhumor: ›Pah, na und! Zähle ich eben in der Zeit die Latten am Zaun, so weit ich sehen kann.‹

Da haute mir dieser Klotz von Spieß kameradschaftlich seine Hand vor die Stirn und grunzte grinsend: ›Und geben Sie sich keine Mühe, Soldat! Es sind genau achthundertdreiundachtzig!‹ In der Welt vor dem Zaun war er weniger als ein Nichts, aber die Anzahl der Gitterstäbe von seinem geliebten Gefängnis kannte er genau.‹«

»Und? Hat er nachgezählt?«, lacht Karl G., »ich meine, der Vorgesetzte hätte ja auch selbst damit noch bluffen können.«

»Genau das war während der zehn Stunden sein Problem – sich über den ganzen Tag dazu zu zwingen, es eben nicht zu tun.«

Karl G. lacht noch einmal, herzlich, ein offenes, freundliches Jungenlachen.

»Ja, das ist das schlechte Beispiel. Ich bin das gute Beispiel. Du solltest mir etwas mehr zutrauen!«

»Jean-Luc Picard?«

»Zum Beispiel den.«

Karl erklärt, dass die Zukunft durch ihre Darsteller in der Gegenwart spricht.

»Die spielen heute, was morgen gewesen sein wird, und sie wissen es nicht. Sie müssen es auch nicht wissen, das ist nicht ihr Job. Der Schauspieler Patrick Stewart ist ein echtes Medium des echten Captains Jean-Luc Picard. Und damit er das nicht merkt, bekommt er seine Dollars.«

»Meine Güte, Karl! Und was ist mit den Drehbuchschreibern?«

»Die glauben an ihre Fantasie, und das ist auch gut so. In Wirklichkeit jedoch haben sie manchmal Visionen von wirklichen Zukunftsereignissen. In ähnlicher Weise wie Jules Verne einmal bereits die erste Mondlandung gesehen hat. Zwar nicht ganz deutlich und etwas verzerrt, aber immerhin.

So läuft das ab. Fantasie ist Geisterquatsch, von nichts kommt nichts. Du musst Dich nur dafür entscheiden, dass alle Geschehnisse wirkliche Geschehnisse sind, dann kannst Du den Geist, die Inspiration, das Fantasieren, völlig lassen.«

»Sag mal, Karl – wenn es alles wirklich gibt, dann gibt es doch auch meinen größten Feind, den es wirklich gibt? Oder jemanden, der Dich wirklich daran hindert, zur wirklichen Enterprise zu gelangen, die es wirklich ...«

Karl G. winkt erfreut ab.

»Wenn Du so dämlich bist, dran zu glauben, gibt's das natürlich auch wirklich. Ich glaube nur an das Gute im Menschen.«

»Des Menschen im dreiundzwanzigsten Jahrhundert?«

»Sogar an das Gute in Dir, Du Dussel!«

Auch Karl G. hört Stimmen, viele, aber davon lässt er sich schon lange nicht mehr beirren. Er hat gelesen, dass »die Engel, bevor sie einem das Passwort zur nächsten Ebene nennen, ganze Schalen grässlichen Unfugs« über den Praktizierenden ausschütten würden. Solche Aussagen kann er für sich recht gut in die moderne Science-Fiction übersetzen, und es gelingt ihm inzwischen auch schon ziemlich genau, herausfiltern, was nur blöde Ablenkungen und Verführungen sind, und wobei es sich um »echte Tipps« zum Weiterkommen handelt. Erster Schritt zu dieser Fähigkeit war – Schweigen.

Karl sagt, er hat einmal zweieinhalb Jahre lang geschwiegen, das war wegen einem dieser Ratschläge, da hatte plötzlich aus heiterem Nachthimmel eine freundliche, sehr männliche Stimme auf der menschenleeren Karl-Marx-Straße in Neukölln zu ihm gesagt:

»Könnte bei Dir klappen, Karlemann. Aber mit Schnauze halten geht's los!«

»Im Allgemeinen ist man ja geneigt, anzunehmen, dass es viele verschiedene Worte und Sprachen gibt, aber nur ein großes Schweigen. Aber ich kann Dir versichern, dass es in den Bereichen des Schweigens genauso unglaubliche, grässliche Verirrungen gibt, wie im Bereich der Rede in einer Nachmittagsshow des deutschen Fernsehens.«

Und was er sich denn dann wünschen möchte, dort angekommen, bei diesem echten Jean-Luc Picard, den es wirklich gibt, auf der Enterprise, die es wirklich gibt? Karl G. schmunzelt vor sich hin. Dann erwidert er nett:

»Na was wohl? Den besten Earl Grey des Universums. Na ja, wie auch immer, eines kann ich Dir dazu sagen: Wenn ich es schaffe, dann hast Du auch etwas davon.«

Was das Pi von Karl G. angeht: Etwa zwanzig Jahre vor der Erfindung der ersten mechanischen Rechenmaschine begann ein einsamer, junger Engländer damit, die irrationale Zahl Pi immer genauer hinter dem Komma zu errechnen. Die Arbeit am Pi war ihm zur täglichen Hausaufgabe und zum Vergnügen geworden. Zwölfeinhalb Jahre lang hatte er seinem Abendhobby gefrönt, und er hatte das Pi bis weit nach dessen dreiundfünfzigtausendster Kommastelle ausgerechnet, als er starb. Einige Zeit nach seinem Tod rechnete man »sein« Pi auf einer der ersten Maschinen nach. Ein einziges Mal hatte er sich verrechnet. Gleich zu Anfang. Bei der sechsundvierzigsten Stelle nach dem Komma. Am ersten oder zweiten Tag seiner Arbeit schon musste es gewesen sein. Der englische Privatier hat es nie erfahren.

Karl G. und ich begegnen uns noch einige Male, und dann, irgendwann ab dem Herbst, treffen wir uns nicht mehr. Ich schaue auch einmal auf dem Treppenabsatz nach, wo er immer übernachtet hat, aber da liegt nichts als eine tote, vertrocknete Blaumeise, die irgendwann den Weg nach Draußen nicht mehr gefunden hat. Sie liegt da in ihrem letzten, kleinen Dreck, den sie noch rasch gemacht hat, und ihre leeren Augenhöhlen glotzen klagend. Nach Karls Verbleib zu fragen, ist bei den Leuten, die ich kenne, sinnlos.

Schorsch, was kommt von draußen rein?

Draußen, das ist vor dem Gartenzaun des Paradieses

»Haben wir nicht schon genug Ärger mit unseren Frauen?«, fragt mich Schorsch ziemlich ungehalten, als ich ihm über Karl G. und die Außerirdischen erzähle.

»Da nehmen wir doch lieber an, wir sind allein im Universum, bevor von außen dann auch noch welche kommen.«

Manchmal sagt Schorsch Sachen, die sind für mich so spannend wie unverständlich.

»Dass hier Draußen alle den ganzen Tag über unglücklich sind, kannst Du Dir abschminken. Das ernste Gesicht ist meistens nur ihr Management. Was denkst Du, wie viele Typen es in den sogenannten höheren Führungsebenen gibt, die sich im Grunde völlig untauglich zu sozialen Kontakten fühlen. Es grassiert eine Einsamkeit, die nicht wettzumachen ist.«

Auch wenn sich eine ganze Industrie inzwischen darauf eingeschossen hat, diese Einsamkeit zu kaschieren, mit bestellbaren »Privatanrufen«, Escort-Diensten in allen Preisklassen, anonymen Kennenlern-Touren mit garantiertem Mystery- und Gruselanteil.

»Diese Welt war schon nicht betretbar, als ich hier ankam«, orgelt Schorsch. »Ich habe mir einmal Zeitungen angesehen, von dem Tag, an dem meine Geburt stattgefunden haben soll. Unglaublich. Selbst wenn ich irgendwann im Übermut den Entschluss gefasst haben sollte, hier zu erscheinen, um den ganzen Dreck und Wahnsinn mit aufzuräumen: Warum sollte man nicht widerrufen dürfen? Warum sollte man nicht aufgeben dürfen, wenn man sich gründlich getäuscht hat?

Ich hab mit zwei anderen Jungs zusammengewohnt, die machten dreimal schneller Dreck, als ich aufräumen konnte. Am Ende habe ich mir gesagt, Du wäschst nicht mehr für diese Penner ab, sondern Du betreibst Augenpflege, putzt Dir selbst den Mist aus dem Blick. Gut, eine solche Wohngemeinschaft kann man verlassen, aber wie verlässt man eine Welt?

Man schaut sich immer verzweifelter nach einem möglichen Ausgang um, und dann trifft man auf Behauptungen, dieser oder jener Erlöser würde nur darauf warten, Dir die Tür aufzuhalten, nimm die Einladung an, bevor der Tod der letzte wird, der Dir die Klinke nach sonst wo in die Hand gibt. Ich glaube, am wichtigsten ist es, fortgehen zu können. Einfach nicht mehr lange diskutieren, nur noch an die Hutkrempe tippen, loslaufen und sich nicht mehr umdrehen.

Wohin? Ja, wenn die Welt wirklich nur rund wäre, nur eine Kugel und nicht vielleicht auch was ganz anderes, dann nützte es natürlich wenig, dann kämst Du irgendwann wieder genau dort an, von wo Du losgegangen bist. Kugel ist Ausweglosigkeit, von einem Globus kommst Du nur nach oben hin weg, wenn überhaupt.

Ich für meinen Teil bin irgendwann dahintergekommen, dass Gott und die Welt ihren Streit mal schön alleine austragen sollen, und den ganzen Dreck und den Wahnsinn, den sie dabei erzeugen, den können sie für sich behalten. Ich mache so wenig Dreck wie möglich.

Allein sein ist nicht leicht, aber es bleibt mir auch viel erspart, der Zynismus am Familientisch, der ganze Druck, ständig irgendwo mithalten zu müssen, der Frau vorzulügen, wie gut ihre neue Frisur aussehen würde, Kindergeplärr und das ganze hierhin und dorthin denken müssen, wegen der Sorgen, die man sich um sein Eigentum machen muss. Keine Rechtfertigungen dafür, dass man nicht glaubt, dass die Welt rund wie der Fußball sei.

Vielleicht überlebe ich sie ja, den Gott und die Welt und die ganze heilige Familie, die mit dranhängt, was? Und selbst wenn nicht, auch wenn ich derjenige bin, der zuerst den Löffel abzugeben hat: Egal, nur Schluss soll sein. Schlimmer kann's nicht kommen, was dann auch passieren mag.«

Ist der Huf erst ruiniert

Draußen steht ein blaues Haus an einem Teich

Die da mit ihrem Flechtkorb voller kleiner, angeschmuddelter Puppen sitzt, das ist Yelly.

»Mit zwei Y und zwei L. Eigentlich Jelena, aber meine Freunde sagen alle Yelly zu mir.« Es ist leicht, Yellys Freund zu werden.

Jede von Yellys Filzfiguren hat ihre eigene, kleine Geschichte. Es sind allesamt zusammengestümperte Erbärmlichkeiten, unwirsche Schöpfungen der Niedlichkeitenindustrie. Ein kleiner Drache, ein mild lächelndes Engelchen mit drahtigen Goldhaaren, ein fettes Entchen, Mäuse, ein Bärchen, das, als Yelly es verdreckt in einem Schneehaufen fand, keine Augen mehr hatte und dem sie neue Augen aus zwei getrockneten Heidelbeeren angeklebt hatte.

Sie weiß nicht, wie das geschehen soll, aber das wird alles einmal ein Ende haben, ganz sicher, und nein, so blöde, an ein Paradies zu glauben, ist Yelly ja nun wirklich nicht; sie hat einmal gelesen, dass jeder am Ende das Paradies findet, das er sich vorstellen kann. Von dem berühmten amerikanischen Schriftsteller Arthur Miller ist der Satz, und der hat bloß Marilyn Monroe gefunden, kichert Yelly.

Ich darf ein paar Seiten aus ihren in bunte Stofflappen gewickelten Tagebüchern sehen.

Winzige, bunte Zeichnungen mit blumenüberhäuften Sommerwiesen, auf denen ihre Filzfiguren miteinander Späße treiben, sich mit Texten in Sprechblasen intelligent necken, unglaublich aufwändig gemalte und sorgsam ausgemalte Bilder, in denen sich diese Püppchen gegenseitig helfen, ein Haus zu bauen. Dann wieder Seiten voller einfacher Verse in kurzen Zeilen

»Schreibst Du alles in Reimen?«

»In letzter Zeit schon. Ich denke neuerdings meistens sogar gereimt.«

Ich habe davon einiges gelesen.

Arthur Miller kommt nach fetten sechshundertfünfzig Seiten zu der peinlichen Weisheit: »Und das ist nun die letzte Wahrheit. Dass wir uns alle gegenseitig beobachten, sogar die Bäume.«

Nach sechshundertfünfzig Seiten Yelly kommt man zu vernunftbegabteren Schlüssen. Vielleicht gut, dass der Richtige ihre dicken Schnellhefter mit der winzigen, etwas nach links geneigten Mädchenhandschrift in vielen Farben noch nicht in seine geschäftstüchtigen Pfoten bekommen hat.

Yelly zeigt ihre verschrammte Plastikwade und sagt, es ist das Fremde, das da an ihr klebt. Nicht nur klebt, jeden Tag hat sie es selbst anzuziehen. Das ist ein Zwang, der mit Anziehung, mit Anziehungskraft, gar nichts zu tun hat. Ihr künstliches Bein ist das Symbol für dieses Fremde, hart, aufdringlich, notwendig, damit sie überhaupt ein paar schmerzende Schritte tun kann. Ein plumper, gemeiner Ersatz für Gesundheit.

Vielleicht, meint Yelly, ist so etwas der wahre Grund bei vielen, die »unter die Räder kommen«, dass irgendwo etwas Fremdes gelauert hat, gesagt hat:

»Die holen wir uns! Wir nehmen ihr ein Stück von ihr selbst weg und lassen ihr stattdessen von den Ärzten ihrer Welt unser Abzeichen drankleben.«

Und Yelly seufzt ein dünnes »Ach!« und murmelt in ihr Puppenkörbchen hinein: »Nicht wahr? Wir schaffen das! Irgendwann schaffen wir das, ja, auch für Euch!«

»Yelly, wieso sehen wir dieses Fremde nicht?«

»Wir sehen nur seine Symbole, ich weiß. Warum das so ist, weiß ich auch nicht. Aber ich glaube, Durchsichtigkeit, Transparenz, Unsichtbarkeit, ein getarntes Sein, das ist gar nichts so Besonderes. Durch Glas können wir durchgucken, den Wind kann man fühlen, aber nicht sehen, sowas ist ganz selbstverständlich für uns. Bestimmt gibt es insgesamt viel mehr Unsichtbares als Sichtbares. Na ja.«

In einer Klinik, die Yelly aufnimmt, gibt es eine junge, engagierte Therapeutin, bei ihr hat Yelly Einzelsitzungen. Yelly soll ein Tamburin schlagen und dazu ein von der Psychologin selbst gedichtetes Lied singen: »Wollt ihr den Schneemann sehen / Müsst hinters Haus ihr gehen / Bauch, Arme und Gesicht / Beine braucht er nicht, Beine braucht er nicht.«

Yelly singt und schlägt ihre Trommel. Die Therapeutin, mit erhitztem Gesicht, singt laut mit. Eine Woche hört Yelly aus dem Behandlungszimmer der Therapeutin zum Rasseln des Tamburins die brüchige Stimme des älteren, einarmigen Mannes, der immer im Damenklosett Zigarren raucht:

»Wollt ihr den Schneemann sehen / Müsst hinters Haus ihr gehen / Bauch, Beine und Gesicht / Arme braucht er nicht, Arme braucht er nicht.«

Da reißt Yelly aus.

»Die Eltern machten mit mir Urlaubstouren in die Berge. Vater wanderte gern, und er wollte das wegen mir wohl nicht aufgeben. So hatte ich manchmal zehn Kilometer weit neben den beiden herzuhinken, irgendwelchen ausgeschilderten Wanderwegen hinterher, mit der Aussicht auf irgendein Gasthaus, wo es dann Himbeerfassbrause geben würde.

Vater hatte aufmunternde Sprüche für mich: ›Nun komm, hab Dich nicht so! Mach nicht immer auf Mitleid! Wenn's weh tut, dann heilt's! Fest auftreten, überwinde Dich doch mal!‹ Wenn ich zu weinen anfing, weil es einfach nicht mehr ging, weil es zu sehr weh tat, zwang er mich, zu singen: ›Ich wandre ja so gerne / Am Rennsteig durch das Land / Mein Blick schweift in die Fee-heerne / Die Klampfe in der Hand ... Los, Jelena, sing, Du musst die Schmerzen besiegen, sonst wird das nichts mehr mit Dir!‹

Dabei ist der Rennsteig in Thüringen, und wir waren in der Sächsischen Schweiz, im Elbsandsteingebirge. Einmal habe ich mich dann einfach ins Moos gesetzt und habe laut weitergeheult – da ist mir eine kleine, graue Eidechse auf den Schoß gekrochen und hat mich mit schräg gelegtem Köpfchen ganz lieb angeguckt. Ich hab sie vorsichtig angetippt, und sie hat den Schwanz verloren und ist davongewieselt. Wenn Eidechsen einen Schrecken bekommen, lassen sie einfach ihr Schwänzchen abfallen, das wächst später wieder nach.«

Yelly hat gelernt: Das Erste, was kommt, wenn man ästhetische Verluste erlitten hat, ist böse, falsche Moral. Erpressung durch unsägliche Tugend. Das Warten auf die Fehler der anderen. Unstillbarer Rachedurst.

Der Trick ist Verborgenheit. Es liegt in der Natur des Menschen, auf das Verborgene zunächst einmal als auf das Bessere zu hoffen. So kann sich die Katze im Sack zum Tiger glauben lassen.

Yelly stolperte durch ihre Jahre; bereitwillig lächelte sie über die groben oder hilflosen Scherze, die man mit ihr trieb, und wenn jemand sich wegen irgendeiner Kleinigkeit nachlässig bei ihr entschuldigte, war sie glücklich und wünschte demjenigen wochenlang Glück.

»Die bösen Götter, die Feinde von mir und meinen Figuren, die sorgen dafür, dass Dir niemals begegnet, was Du Dir wünschst, jedenfalls nicht in echt. Sie können ja alles, außer wirklich sein. Sehr, sehr viele fallen darauf herein. Sie geben auf, winken ab, verraten die Wirklichkeit, sie leben mit einer Fälschung, die alles Wertvolle und Wahrhaftige aus ihnen aufsaugt, mit einer cleveren Prothese dessen, was sie eigentlich liebten.

Man kann die Fälschung nicht beweisen, nur fühlen kann man sie. Und sobald man seine Empfindungen verleugnet, gibt es ja auch fast keinen Unterschied mehr, außer diesen einen: Du hättest leben können und sagst nun stattdessen Danke dafür, dass Du ganz langsam umgebracht wirst.«

Das ist etwa so wie bei Heiner Müller, der behauptete, über den Städten würden unsichtbar große Friedhöfe schweben, voller unerlöster Seelen. Aber Yelly kennt diesen Herrn Müller nicht – in dem alten, mit einem bunten Lappen umwickelten Telefonbuch, das sie auf ihrem Dachboden als Kopfstütze benutzt, sind allein neunzehn Seiten mit diesem Nachnamen gefüllt.

Yelly ist fünfunddreißig, und sie sagt, sie fühle sich in diesem dreieinhalb Jahrzehnte alten Körper so unangemessen jung, so sehr wie zwölf oder dreizehn, dass sie sich immer gleich schäme und versuche, erwachsener zu denken oder zu fühlen. Aber wie fühlt man Schmerzen »erwachsener«? Und mit zusammengebissenen Zähnen?

Yelly hatte erkannt: Der Schmerz ist nicht ihr Feind, daran hat sie lange fest geglaubt. Inzwischen fragt sie sich immer häufiger, was diese Beziehung zwischen ihr und dem Schmerz eigentlich noch soll; sie kann nichts mehr lernen vom Schmerz. Einmal hatte ihr eine selbsternannte Psychologin erläutert:

»Das ist doch völlig klar, warum Du das hast, das ist, damit Du Dich immer an etwas erinnerst.«

Yelly hat versucht, sich zu erinnern, an irgendein Verbrechen, das sie vielleicht einmal begangen und verdrängt haben mochte. Es ist ihr nichts eingefallen. Eine andere Frau hatte ihr einmal gesagt, sie sei »schlecht inkarniert«, und noch eine andere:

»Dich krüppliges Aas hätten sie in der Badewanne ersäufen sollen, als es noch Zeit war.«

Männer hätten so etwas nie zu ihr gesagt, gedacht vielleicht, aber gesagt nie.

Eine andere Frau aus diesen Workshops hatte sich mit Yelly nett auf einer Parkbank unterhalten, Brause spendiert, sich Notizen gemacht. Sie erklärte ihr, dass man niemals völlig schuldig oder unschuldig an einer Sache sei, und es wäre möglicherweise gut, darüber nachzudenken, ob man solche »Unfälle« nicht unterbewusst selbst herbeisehnen würde.

»Wozu denn?«

»Vielleicht, weil man glaubt, man würde nicht genug Liebe bekommen? Weil man sich Zuwendung erpressen möchte?«

Auf die Parkbank hat sich Yelly nie wieder gesetzt.

Yelly erzählt alles in den abgeschabten Korb hinein, aus dem das schweigende, bunte Gewimmel ihrer Bildgestalten geduldig zuhört. In ihrem Vorstellungsparadies gibt es ein blaues Haus an einem kleinen Teich mitten in einem uralten Wald, da lebt sie gesund und fröhlich mit ihren lebendigen Filzfiguren, da sind die Kleinen und sie sehr glücklich und machen Scherze. Aber mehr möchte sie darüber wirklich nicht sagen, sie hat das alles bereits aufgeschrieben, und vielleicht wird es einmal jemand lesen.

Als ich Yelly frage, ob ich sie und ihre kleine Krabbelgesellschaft denn irgendwann vielleicht im blauen Haus am Waldteich besuchen kommen dürfe, betrachtet sie mich abschätzend und erwidert dann prinzessinnen-schnippisch, darüber werde sie bei Gelegenheit einmal nachdenken, aber ich solle mir besser nicht so große Hoffnungen machen, auf dem Weg dahin müsse man immerhin erst einmal an so einigem vorbei. Kann man alles nachlesen, bei Yelly, und nichts davon klingt wie einer dieser Fantasy-Schinken.

»Warst Du mal verliebt, Yelly?«

Yelly meint, für einen guten, freundlichen Mann sei sie derzeit kein ästhetisches Angebot und ihr Marktwert wäre gleich Null.

Inständig hofft ihr hellblauer Blick auf Widerspruch. Wie gern möchte sie ein Angebot sein. Na, wenn sie aber sieht, was sich die Männer heute so anbieten lassen, da kann sie schon eine Gänsehaut bekommen.

Ein Angebot, was meint sie? Yelly seufzt. Das hieße zuerst einmal gesund werden. Aber das geht für sie hier nicht, nicht unter den gegebenen Umständen. Der beste Willen der Gegenwart reicht derzeit immer nur bis zu Ersatzlösungen. Holzbeine, Gummihände, Glasaugen.

Ein Schulausflug, Yelly war neun Jahre alt. Man fährt mit der Straßenbahn. Als die drängelnde Kindergruppe aussteigt, gerät Yelly unter ein Auto der Stadtreinigung. Die Frage, ob sie unvorsichtig gewesen war oder geschubst wurde, ist nie ganz geklärt worden. Am Ende gab es eine nicht sehr hohe einmalige Abfindung der Versicherung für sie, aber die hat der Vater vertrunken. Für Yelly ist es sehr wichtig, dass man sie gestoßen hat. Wer, das ist ihr egal, doch sie beharrt auf dem großen Unterschied zwischen gestoßen und gefallen. Sie möchte sich nicht als Gefallene wissen.

Yelly hat lange willig kooperiert, aber dann hat sie einmal einen langen Traum gehabt, in dem war sie ganz gesund, ist barfuß über eine Wiese gerannt. Und das Aufwachen war wie Sterben. Da kommen kerngesunde Leute, eine junge Psychologin, die erzählen ihr, sie müsse Geduld haben. Und Yelly schaut etwas genauer hin und sieht, dass diese Psychologin sich die Fingernägel bis zum Nagelbett abkaut, wahrscheinlich mit viel Geduld.

Sie müsse ihre Behinderung akzeptieren lernen, hat man ihr gesagt, andere würden das auch schaffen. Ganz falsch, das hat Yelly nicht lernen müssen, viele Jahre lang war das für sie mehr als selbstverständlich. Über die dreckigsten, hilflosen Witze, die man über sie gerissen hat, lachte sie erbärmlich mit und ärgerte sich still und machtlos darüber.

Doch seit einiger Zeit schon glaubt sie nicht mehr daran, dass sie Krankheiten zu akzeptieren habe. Eigentlich muss das niemand, es gibt überhaupt keinen logischen Grund dafür. Soll doch einmal die Krankheit sie, Yelly, akzeptieren, ihren dringenden Wunsch, dass das Hässliche sich endlich von ihr zu verabschieden habe.

»Diese gemeine Beziehung muss ein Ende haben«, sagt Yelly, »ob nun früher oder später. Da es nicht mein Wunsch ist, so kaputt zu sein, muss es ja wohl der Wunsch von irgendjemand anderem sein!« Na, dieses andere, das wird schon noch sein blaues Wunder erleben, da braucht sie gar nicht viel schimpfen und fluchen, das passiert von ganz allein.

»Meine Figuren, das sind auch so kümmerliche, unwirsche Schöpfungen wie ich eine bin. Sie sind lustlos hergestellt worden, in der Industrie der Niedlichkeiten, von irgendeiner Fließbandarbeiterin genäht, ausgestopft von einer Maschine. Und dann sind sie irgendwann achtlos weggeworfen worden, oder jemand hat sie verloren, und es war ihm kein Umdrehen wert. Aber ich hab sie lieb, und es ist mir egal, dass sie mit Stroh oder mit Schaumgummi gefüllt sind, das ist ja nur symbolisch so. Sie sind immer freundlich, sie gucken mich harmlos an und schweigen geduldig.«

In mehreren Religionen gilt die Bildgestalt der Gottheit als nicht verschieden von der Gottheit selbst. Yelly kennt die Geschichte von Pygmalion, der eine Statue anbetete, bis sie lebendig wurde. Sie kennt viele ähnliche Erzählungen und Sagen, auch über jene fremde Zeit, als es üblich war, Bildgestalten zu heiraten und sein ganzes Leben mit ihnen zu verbringen.

Die Leute kamen an den Abenden nach Hause, erzählten ihrer Statue ihre Probleme und Sorgen, teilten mit einem Ding ihre Erlebnisse, ihr Essen, ihren Raum, bekamen ein schlechtes

Gewissen, wenn sie es belogen. Yelly findet das schön und logisch, ein Teil der Gemeinschaft ist persönlich, der andere ist unpersönlich, die eheliche Beziehung der Dinge mit den Wesen, was für ein Anspruch an gegenseitige Achtsamkeit.

»Wie schön eine Welt sein muss, in welcher die Sachen und die Menschen miteinander vermählt sind! Und das mit dem Lebendigwerden, das geht nicht nur durch Gebete und durch Anflehen! Das geht auch einfach nur mit beständig liebhaben. Außerdem, ich überlasse es meinen Figuren, wann sie anfangen möchten, sich zu bewegen.«

Dass man sie für verrückt hält, stört Yelly nicht. Wer das Unmögliche erreichen will, sagt sie, der muss sich auch unmöglich machen können.

Jene sagenhafte Zeit, von welcher Yelly erzählte, in der die Menschen und die Bildgestalten angeblich in ehelicher Beziehung miteinander lebten, ich habe geforscht und dazu nichts entdecken können. Doch es sind ebenso viele Gründe für die noch heute praktizierte Bildgestaltenverehrung in Pakistan, Indien, Nepal, Tibet und anderswo zu finden, wie für das Gottesgebot, nach dem man sich eben kein Bildnis zu machen habe. Wie ist eigentlich die theologische Sachlage, wenn jemand Bildnisse verehrt, die andere gemacht und wieder andere verloren haben?

Yelly selbst hält sich eigentlich eher für viel zu normal, sie lebt oft ganz regelmäßige, eintönige Tage. Aufstehen, waschen im geräumigen Behindertenklosett in der Universität, auch die lieben Figuren bekommen immer ihre kleinen Spritzer ab.

»Na, ich nehme nicht an jedem Tag die ganze Versammlung mit, aber immer mindestens einen, als Stellvertreter für alle anderen.«

Flaschen einsammeln, vom Pfandgeld ein bisschen Essen und Trinken kaufen, Tagebuch schreiben, im Park einige Runden drehen, und dann wird es auch schon wieder Abend. Auf dem Dachboden das kaputte Bein eincremen, dann mit den Figuren reden, sie an das erinnern, was an schönen Erlebnissen ganz gewiss vor ihnen und ihrer Yelly liegt! Dann schlafen.

Es ist gut, dass die Zeit eigentlich ziemlich schnell vergeht. Ein einziges Mal habe sie daran gedacht, sagt Yelly, ein wenig nachzuhelfen, sie wollte sich Tabletten besorgen, aber dann hat auf der Straße jemand zu ihr gesagt:

»Wer sich selbst kaltmacht, der soll auch ewig frieren, finden Sie nicht auch, junges Fräulein?« Und ja, das findet sie auch.

Yelly hat sich eine Ecke auf einem Dachboden eingerichtet, in der liegt sie dann in ihrem muffigen Schlafsack, eine Raupe vor ihrem Leben als Schmetterling. Unten in dem Haus gibt es eine Bäckerei, und in Yellys Ecke duftet es nach warmem Weißbrot.

Einmal ist der Hauswart gekommen, nach dem Rechten sehen auf dem Dachboden, er hat die Tauben aufgeschreckt, die dort ein- und ausflogen. Yelly hat vor Schreck getan, als schliefe sie, und eine Taube, eine weiße, hatte sich auf ihre Schulter gesetzt und den Hauswart angeschaut. Seither nickt er ihr immer seltsam und achtungsvoll zu, wenn er sie im Hof trifft. An dieser Geschichte erfreut sich Yelly heute noch sehr, aber sie hat Angst, dass man sie nicht glaubt, wegen der weißen Taube und so.

Yelly vergibt immer noch allen, aber gerade das macht ihr manchmal Sorgen. Denn wenn da nichts und niemand mehr ist, den man auch mal beschuldigen kann, wenn man auf keinen mehr zornig sein darf – wer sollte sich dann auch nur im Geringsten verantwortlich für sie zeigen? Yelly hinkt Gott entgegen, ohne etwas von ihm zu verlangen. Vielleicht würde sie dann, bei diesem Zusammentreffen, gern sagen:

»Guten Tag, ich bin Yelly, und ist es nicht erstaunlich, wie beschissen es mir gehen muss, damit Du Gott sein darfst? Wie wird man eigentlich Gott? Durch Glück oder durch Arbeit? Ist jetzt mal Schluss damit, oder willst Du die Yelly mal kennenlernen?«

Aber wenn sie so zu denken anfängt, schreckt sie zusammen und flüstert lieber rasch niedliche Sachen zu ihren Filzfiguren.

Dennoch, Yelly mag sich nicht mehr länger »von der Hoffnung die Gegenwart abkaufen« lassen.

»Einmal ›heute‹ ist sehr viel wertvoller als zweimal ›morgen‹«, murmelt sie tapfer, und sie schaut sich in diesem erbärmlichen Heute sehr vorsichtig um.

Yelly hat ein Testament geschrieben, auf einen Zettel, der in einer gestrickten, gelben Kindersocke steckt. Ein sehr kurzes Testament.

»Falls ich absterben sollte, sollen meine Kleinen mit mir gemeinsam entsorgt werden.«

»Entsorgen«, kichert Yelly, »ist ein sehr schönes Wort.«

»Wie wird das einmal werden, Yelly? Wir werden so schnell älter.«

»Wir kommen schon dahin, wohin wir gehören. Alle. Manche wehren sich dagegen, und andere freuen sich darauf. Was soll man mehr dazu sagen?«

Yelly schaut nach ihrem Körbchen.

»Nicht wahr, Ihr?«, fragt sie ihr freundliches Häufchen.

Die Knopfaugen von Yellys Filzfiguren schauen mich an, flehend, blöde und unsäglich lieb.

Es ist was faul im Hof vom Supermarkt

Draußen hängt ein Schloss vor dem Ende der Nahrungskette

»Ach, die Yelly meinst Du, die Puppenliese!«, sagt Roswitha. »Die soll sich nicht so haben, die soll sich mal aufraffen, eine Weile ins Krankenhaus gehen und sich dann eine Wohnung geben lassen. Die will doch nicht viel vom Leben und fühlt sich zwischen vier Wänden nicht gleich wie im Gefängnis.«

Ob man das so sagen könne, dass heutzutage hier niemand obdachlos sein müsse, wisse sie nicht, sagt Roswitha, aber verhungern bräuchte in Deutschland ja wohl wirklich keiner.

»Und das geht ganz ohne betteln oder klauen. Im Übrigen« – Roswitha beweist seltsamen Humor – »wenn ich mir so auf der Straße begegnen würde, wie ich bin – ich würde mir nichts geben.«

Hinter die Supermärkte könne man zum Beispiel schauen, in die Tonnen. Was sie jeden Abend wegwerfen, weil es am nächsten Tag das Verfallsdatum überschritten haben wird, das reiche, um ganze afrikanische Dörfer zu ernähren.

»Die Typen, die da an den Müllcontainern stehen und warten, bis sie abends aussortiert haben, sind inzwischen viel mehr geworden, es gibt auch hässliche Szenen zwischen denen, echten Futterneid sozusagen, aber vorn, an der Kasse, da stänkern sie ja auch, sobald einer vordrängelt, nicht wahr?«, und für Roswitha hat's, wie sie sagt, am Ende bisher immer gereicht.

Nicht zu viel vom Leben verlangen, damit das Leben nicht zu viel von einem verlangt, das wäre ihre »Botschaft nach Drinnen«.

Nach Schätzungen landet in den USA mittlerweile die Hälfte aller produzierten Lebensmittel auf dem Müll. Ganz so viel ist es in Deutschland nicht, doch etwa elf Millionen Tonnen verwertbare Lebensmittel wurden auch hier im letzten Jahr weggeschmissen.

Das, was früher nur ein paar »Freeganer« aus politischer Überzeugung praktizierten, ist heute für viele Deutsche in sozialer Not üblich geworden: Längst treffen sich in den Abendstunden die von Drin mit denen von Draußen an den Abfalltonnen der schließenden Märkte. Sozial Schwache aller Couleur mit immerhin geregeltem Lebensunterhalt warten gemeinsam mit »klassischen« Obdachlosen, mit welchen aus der Berber- und Treberszene, mit illegalen Asylanten, Heimbewohnern, Trinkern, psychisch Gestörten und – seltener – jenen anderen »Nichtsesshaften«, zu denen zum Beispiel die Sinti und die Roma zählen.

Roswitha erzählt einige Tage später: »Ich war gerade jagen. Die Jagd war einfach. Ich musste nur auf mein Fahrrad steigen und zum Supermarkt fahren. Für die normalen Einkäufer war längst Halali geblasen, es war halb neun Uhr abends, und der Supermarkt hatte bereits geschlossen. Von vorn einkaufen konnte ich nicht, mir fehlte das Geld. Also bin ich auf den Frachthof des Supermarktes gefahren, dort stieg ich von meinem Stahlross und öffnete den Deckel einer Tonne. Was ich dort fand, hätte ein ganzes Dritte-Welt-Dorf mindestens eine Woche lang glücklich gemacht. Rindergulasch mit Petersilienkartoffeln in der Mikrowellenverpackung, Truthahnsalami, Blauschimmelkäseecken, Cocktailtomaten, zwei Netze Mandarinen, große Einzelexemplare von Grapefruit, Schaumbällchen im Teigmantel in luftdichter Kinoknisterverpackung, Nougatmarzipanstangen, Zucchini, Broccoli, Eisbergsalat, Schokoladenbonbons, irische Landbutter.

Alle meine Beutestücke hatten entweder einen winzigen Verpackungsmakel, oder sie wären laut aufgedrucktem Haltbarkeitsdatum am nächsten Tag nicht mehr zu verkaufen gewesen. Ich hätte mühelos vier große Reisetaschen füllen können, und das Dritte-Welt-Dorf wäre immer noch glücklich geworden. Mit einer Tüte voller Beute und meiner letzten Münze fuhr ich in ein Café, bestellte Kaffee, saß einfach da und versuchte herauszufinden, wie es mir ging, so nach der Jagd.«

Immer häufiger verschließen die Supermärkte ihre Container mit Ketten, sichern ihre Lagerhöfe, lassen die Tonnenwühler verjagen.

»Sicher kann man das meiste bestimmt noch essen, aber gesund ist das alles trotzdem nicht. Haben Sie sich mal an einem heißen Sommertag nach nur ein paar Stunden angeschaut, was gerade vorher in die Tonne geworfen wurde? Und rechtlich gesehen ist das nämlich auch Diebstahl«, meint der junge Filialleiter eines Supermarktes, »denn wir sind für unsere Ware, auch wenn sie im Container liegt, immer noch der rechtmäßige Besitzer.«

Beinahe hätte er wohl »immer noch verantwortlich« gesagt.

»Nein, verhungern muss heute wirklich keiner bei uns«, meint auch Sebastian H. Selbst, wenn sie einem das Hartz-IV-Geld völlig zusammengestrichen haben, kann man immer noch zum Sozialamt gehen und sich Lebensmittelscheine holen, die nimmt fast jeder Supermarkt.

»Genussmittel wie Alkohol oder Zigaretten kriegste natürlich auf die Marken keine«, weiß Sebastian H. mit listigem Zwinkern zu berichten. »Aber man kann sich zum Beispiel ein paar Kästen Selterswasser kaufen. Das Wasser kippste draußen aus, die leeren Flaschen packste in den Pfandautomaten, und schon haste Dein tägliches Bier.«

Lothar B., vielleicht fünfzig Jahre alt, sechzehn davon in Gefängnissen der DDR, immer kleine Diebstähle oder Einbrüche, seit kurz nach Öffnung der Berliner Mauer ununterbrochen auf der Straße.

»Der Obdachlose mit dem großen Geheimnis? Obdachlosigkeit hat kein Geheimnis. Sie ist ein Beweis mehr dafür, dass der Mensch kein kultivierbares, soziales Wesen ist. Sondern ein biologisches. Dass es, genau wie bei den Tieren, Alpha-Beta-Gamma- und was weiß ich sonst noch für Gestalten gibt, die sich gegenseitig aufbrauchen. Mehr ist da nicht. Die, in die Du da was hineingeheimnissen willst, das sind einfach Schwächlinge. Oder welche, die sich beim ›Tu was Du willst aber lass dich nicht erwischen‹ eben doch mal haben erwischen lassen.

Was mich angeht: Ein Arzt, zu dem sie mich damals mal geschleppt haben, hat gesagt, ich wäre in meinen Erinnerungen steckengeblieben und nicht mehr bereit, die Entwicklung weiter mitzugehen. Wenn Du ahnst, dass die Kiste gegen den Baum fährt, versuchst Du abzuspringen, was ist daran unlogisch? Und was meinte der denn mit ›Entwicklung‹?

Das, worauf es hier hinausläuft? Dass es erbärmlich schiefgeht, mit dieser Entwicklung, das wissen doch längst alle, sie üben sich nur noch im Vorzeigen möglichst ahnungsloser Gesichter.

Es stimmt schon, was der Arzt gesagt hat, von einem bestimmten Zeitpunkt an habe ich mit dem Lernen aufgehört, nämlich dann, als es begann, nur noch darum zu gehen, anderen die Schuld an dem Dreck zuzuschieben, den man mit keiner Drogeriefarbe mehr übermalen konnte. Weißt Du, wie diese Stadt hier so gegen fünf Uhr morgens riecht, bevor alles nach Putzmitteln zu stinken beginnt? Da gibt es so eine riechbare Viertelstunde der Wahrheit: Pisse, Scheiße, Kotze, Bier.

Über was du dich beschwerst, das wirst du nicht los. So lange Du es auch nur erwähnst, stehst Du damit in Verbindung, so lange Du nur flüchtig daran denkst, hast Du eine Beziehung.

Tiere sind meine Vorbilder, die haben das Abschiednehmen gelernt, die können ignorieren, vergessen, ausblenden. Einen Teufel kümmern sie sich darum, wie lang ihr Leben ist, oder wie gefährlich, oder ob das alles überhaupt einen Sinn macht.

Wir halten Tiere für verblödet, aber ich sage Dir, die haben die Schlauheit längst hinter sich. Die wollen nicht intelligent sein, um weiterzukommen, die wollen überhaupt nicht irgendwo anders hin, nur da sein. Genau das möchte ich auch.

Nicht mit der Zeit gehen, nicht mit dem Fortschritt, auch nicht zurück zu den glücklicheren Tagen, nein. Einfach nur da sein, und wenn's Dir dann irgendwann einmal einer nicht mehr gönnt und der dann die Sense schwingt – na und? Soll er doch!

Da bin ich ja wohl besser als der, ich hab noch keinen umgebracht. Sogar die Tiere sind schon völlig vergiftet. In meinem Vogelbuch damals stand noch: Die Amsel ist ein scheuer Waldvogel. In den Städten kommt sie nicht vor. Heute fressen Dir die Dinger aus der Hand.

Es gibt noch einen ganz anderen Grund für die Obdachlosigkeit. Viele von denen sind welche, die eben einfach nicht mehr an die Verheißungen des Zeitgeistes glauben. Darauf, aus Erfahrungen was zu lernen, kannst Du denen keine Lust mehr machen. Die wollen das Unvorstellbare, und die Realität dreht das natürlich um und sagt, Ihr seid an Euren dämlichen Träumen krank geworden und nicht an mir, gebt endlich auf, sonst werde ich immer härter und unerbittlicher zu Euch.

Und so nach und nach verlieren sie dann eben alles. Gut, sie gewinnen auch was, doch das ist ja eben genau das, was wir für paradox und für verrückt halten: Freiheit. Die Freiheit, sich viel mehr vorstellen zu können, als der Idiot, der sich im Fernsehen beibringen lässt, was man sich gerade noch wünschen darf, und wo für ihn bereits der unerreichbare Blödsinn anzufangen hat. Du kannst es sehen – an ihrer ihnen selbst oft völlig unverständlichen Abscheu gegen das, was man ihnen hier so anbieten möchte, und wofür sie sich abrackern und Regeln einhalten sollen. Die sind sich selbst ein Rätsel, und sie wollen auf das Rätsel nicht verzichten, sich nicht ›aufklären‹ lassen, durch schlaue Worte nicht, und nicht durch lumpige Versprechen. Die sind nicht mehr zu retten, besonders nicht von denen, die sich durch ihr Gesabbel nur selbst retten wollen. Da haben sie hier ein ganz feines Ohr, für solche. Lass sie machen, wenn Du ihnen was Gutes tun willst, damit behandelst Du sie am besten.«

»Lothar, wie viele Tätowierungen sind das eigentlich insgesamt da auf Deinem schnell verderblichen Wanst?«

»So um die hundertzwanzig. Die mit den Klößen auf dem Rücken ärgert mich heute noch. Tätowieren war im Knast verboten, erwischten sie dich, gab es ›drei mal sieben und eine Decke‹, also einundzwanzig Tage Arrest, das war wie Knast im Knast, Betonblock mit einer Decke als Bett, statt Fenstern Glasbausteine, am Tag Hinlegen verboten, reduziertes Essen. Nannte man Station ›BU‹, das bedeutete ›Besserungsunwillig‹.

Tätowiert haben wir nachts, rauf auf den Zellentisch und die Zähne zusammengebissen. Ich dachte, die tätowieren mir ein Segelschiff, aber es war eine riesige Schüssel Thüringer Klöße, die sie mir in den Rücken stachen.«

Es steht sogar noch »Gruß von der Wartburg« darunter, in alter, ungeschickt frakturierter Schrift.

»Hätt ich eigentlich merken müssen, das mit der Schrift, aber ich lag ja aufm Bauch und dachte, jetzt machen sie grade die Kanonen – zwölf Stück hatte ich haben wollen, wie auf der ›Santa Maria‹ von Francis Drake.

Immerhin, es hat mir was eingebracht. Ein Hautarzt aus der Medizinischen Akademie Dresden hat eine wissenschaftliche Abhandlung über Tätowierungen geschrieben und einen Strafgefangenen mit vielen Tätowierungen und Erfahrungen mit Farbe und Nadel angefordert. Da haben sie mich auf Transport nach Dresden geschickt, und dann bin ich jeden Tag in die Klinik gefahren worden.

›Die Handschellen machen Sie mal sofort ab, für den jungen Herrn übernehme ich die Verantwortung!‹, das hat der Arzt erst mal den beiden SVern gesagt. SV von Straf-Vollzug. Blaue Uniformen, genau wie die Transportpolizei damals, bloß noch dümmere Leute drin.

Dieser Hautarzt, ein ganz junger Kerl, der hat mir erzählt: ›Offen gestanden, wenn wir nicht weiterwissen, bei bestimmten Ekzemen und so, dann schicken wir die Patienten zum Besprechen.‹ Jeder gute Hautarzt kannte so alte Frauen, die Gürtelrosen wegquatschen konnten. Hexen gab's also auch in der DDR. Und Cognac hat der Doktor mir gegeben, und wir haben zusammen Westzigarren geraucht, das muss man sich mal vorstellen. Aber er hat ja auch viel von mir gelernt. Die Tätowierfarbe, die haben wir hergestellt aus geschmolzenem Gummi von den Schuhsohlen der Knastschuhe, vermischt mit Pulver von den roten Ziegeln, aus denen die Hafthäuser gebaut waren. Ausziehtusche war natürlich noch besser, aber da war kaum ranzukommen. Na jedenfalls habe ich dem Doktor dermaßen die Taschen vollgehauen, damit ich immer wieder rauskam, und der hat alles fein mitgeschrieben. Der war genauso doof wie Du.«

Urin stinkt

Draußen ist die lange Zeit nach der Liebe

Geld stinkt nicht. Friedrich stinkt. Ein beißender Uringeruch hüllt ihn ein. Allerdings: Wofür er früher in antiseptisch duftenden, wohltemperierten Kliniken Tausende Euro bezahlen musste, das hat er nun Sommer wie Winter auf der Straße umsonst.

Zu den Hungrigen auf der Welt hat Friedrich inzwischen ein ganz anderes Verhältnis. Wenn Siegfried kommt und mit plärrender Stimme »für etwas zu Essen und einen Schlafplatz« sammelt, wischt er ihn mit einer Handbewegung weg wie eine lästige Mücke. Kann er sich leisten. Und außerdem kennt er Siegfried, der sammelt für seine nächste Portion Crystal. Von wegen Fressen und Pennen, der macht Friedrich nichts mehr vor.

Der hochgebildete, ungewöhnlich wortgewandte und in den angenehmsten Manieren sicher verankerte Friedrich, der mir einst in einem Kaffeehaus begegnete, und mit dem ich über Wochen freundliche und interessante Gespräche von erstaunlicher Länge und Tiefe führte, berichtet mir von seiner einstigen, sehr schönen und außergewöhnlich klugen Geliebten.

Lange lebten Friedrich und Eleonora kulturvoll und fröhlich miteinander. Sie lasen einander gern Weltliteratur vor, kleideten sich zu den Mahlzeiten um, verstanden sich oft ohne Worte.

Sie besuchten Konzerte und Theateraufführungen, bewunderten und besprachen die Künste und Architekturen überall in Europa. Ermöglicht wurde ihnen dies durch Friedrichs vermögende Eltern, die diese unerwartete, förderlich scheinende Beziehung sehr wohlwollend betrachteten. Friedrich hatte vor der Begegnung mit Eleonora achtzehn Semester lang Brückenbau studiert, was ihn nach eigener, offenherziger Einschätzung dennoch nicht einmal in die Lage versetzt hätte, einen hölzernen Steg über einen schmalen Bach zu bauen. Durch die Liebe zu Eleonora wurden Friedrich nun endlich doch noch späte Chancen auf ein möglicherweise glücklich verlaufendes Leben eingeräumt.

Dann, Jahre später in einem sommerlichen, holländischen Strandcafé, saß neben dem immer noch so zärtlich verliebten Paar »eine Art Massai« in einem der zierlichen, weißen Korbsessel. Schon beim allerersten Seitenblick seiner Frau auf den hochgewachsenen, schönen, schwarzen Mann, erzählt Friedrich, seien ihm Angst und etwas Dunkles schwer ins Herz gesunken. Ihm wäre eigentlich klar gewesen, dass er von diesem Augenblick an für immer verloren hatte. Als sie Friedrich wieder anschaute, sei ihr Blick bereits der auf einen kleinen Bruder gewesen.

Friedrich habe genau gewusst, dass es bald zu Ende gehen werde. Zwar habe er dieses Wissen verflucht und gehasst, aber er habe es gewusst, und so sei es dann nur Tage später auch gekommen. Seine Eleonora war und blieb verschwunden, ihr Gepäck hatte sie zurückgelassen.

Oh, wie er sie seither gehasst habe. Zurückgekehrt in diese Stadt, hockte er fortan ungewaschen in billigen Kneipen, inmitten niedriger Gesellschaft, lamentierte über die verlorenen Millionen seiner gebildeten Gedanken und Worte. Bejammerte das verschwendete innere Licht aus seinen liebenden Blicken! Wie er all seine Kultiviertheit und Zivilisiertheit hinab in die Hölle verflucht habe!

Er wird ihr Bild seither nicht mehr los, schimpft Friedrich, und seine einst so redliche Begeisterung und Verehrung ihrer Schönheit und Intelligenz habe leider damit geendet, dass er sich nun nachts auf seiner einsamen Matratze in einem Heizungskeller vorstelle, seiner Eleonora Säure ins Gesicht zu spritzen, statt in seinen Vorstellungen wenigstens auf den verfluchten Massai loszugehen, der sie mitgenommen hatte, nach irgendwohin.

Friedrich hat sich inzwischen darauf verlegt, vor sich selbst zu warnen. »Verhalte Dich auf jeden Fall immer irgendwie wie ein Mann! Glaube an Deine Taten, und versuche nie, Weiber zu gewinnen, indem Du sie bequatschst! Und wenn Du etwas verloren hast: Schrei dieser Sache nicht hinterdrein!«, lauten Friedrichs arme Bierstubenweisheiten.

Immer mal wieder sehe ich Friedrich, manchmal mit schmutzigen, leinenen Einkaufsbeuteln in den Händen, oft in den Vorgärten der Kaffeehäuser, wo er mit gerunzelter Stirn Zeitung liest oder sich gestikulierend im Gespräch mit Männern befindet.

Johannes der Täuscher

Draußen ist spirituell

Die Sprache des Draußen ist, nicht allein wegen der großen Überzahl an Männern, eine archaisch-maskuline Sprache. Genderprofessorinnen würden die Kurzhaarfrisuren zu Berge stehen, bei dem, was sie auf der Straße zu hören bekämen.

»Ich glaub die ganze Scheiße nicht! Ich glaub die ganze Scheiße nicht!«, zischt Johannes E. erbittert, und dann bemerkt er, dass jemand eingetreten ist. Er lächelt und ruft: »Om namah shivaya, Bruder! Ist es heute nicht wieder ein wundervoller Tag?«

Alfred Döblins Romanfigur in »Berlin Alexanderplatz«, Franz Biberkopf – übrigens eine der wenigen, glaubhaften Darstellungen von Großstadt-Entwurzelten, die heute noch genauso gültig sind, wie sie es in den zwanziger Jahren gewesen sind –, gerät immer wieder in die kriminelle Männerhalbwelt, und alle seine redlichen Bemühungen um die Liebe brechen zusammen.

Bei Johannes E. hingegen, neunzig Jahre später, ist es die »spirituelle Halbwelt«, die ihn wieder und wieder scheitern lässt. Während Biberkopf kleinen Gangstern, miesen, eigentlich leicht durchschaubaren Betrügern und plumpen Dieben begegnete, die ihn vereinnahmten und in ihre Angelegenheiten zo-

gen, trifft Johannes auf die Geistesweltganoven des gentrifizier-
ten Berlins, auf spirituelle Ratten, die sich Workshop-Leiter,
Aufgestiegene Meister, Geistheiler und Kraftanwälte nennen. Er
irrt in den Meditationsräumen und Lichtzentren umher und
bezahlt unglaublich viel Geld und eine Menge Zeit für einen
Haufen glänzend verpackten Unsinns.

Dass die Grenzen zwischen Drin und Draußen immer mehr
verschwimmen, findet Johannes nicht unbedingt besorgniser-
regend; er hat eine Theorie zur Unterscheidung von Leuten von
Draußen.

Da gäbe es solche, die nur materiell obdachlos seien, also
einfach Wohnungslose, und dann eben solche, die dazu auch
noch spirituell obdachlos wären. Letztere wären die »ganz armen Schweine«.

»Die spirituell Obdachlosen haben nichts mehr, woran sie
glauben können, keinen Jesus oder sowas, eben keinen Gott,
kein Ziel, kein Motiv mehr zum Leben. Die fressen, saufen und
schlafen nur noch, nach Sex zu suchen, traut sich kaum noch
einer, man redet eigentlich noch nicht mal mehr davon, man
redet nur noch lauter Mist und regt sich über Blödsinn ein bisschen auf. Oder man blafft einfach sinnlos Leute an, im Bus oder
auf der Straße, damit man sich aus deren Schrecken etwas Adrenalin ziehen und sich selbst überhaupt noch merken kann.
Das ist nur noch von der Hand in den Mund, vom Mund in den
Magen und dann aus'm Arsch wieder raus. Aber solche gibt es
ja auch haufenweise mit Wohnung, Ofen und Fernseher, nicht
wahr? Eigentlich komisch, dass man sich vor Obdachlosen oft
so fürchtet, oder? Ich denke eher, das beruht auf Gegenseitig-
keit.«

Johannes E. ist achtundvierzig Jahre alt, ehemaliger Baufacharbeiter, Gelegenheitsjobs, ALG-II-Empfänger, lebt auf der Straße.

»Ich habe völlig unzumutbare Jobangebote abgelehnt, bis die immer weiter gekürzte Sozialhilfe nicht mehr fürs Mieten und Heizen reichte, dann zwangsgeräumt und nun seit vier Jahren gar nichts mehr. Von wegen: Wer arbeiten will, der findet auch Arbeit!«

Nein, Johannes E. ist nicht spirituell obdachlos, er hat eine Überzeugung. Er meint, dass auch wieder bessere Zeiten kommen werden, ganz sicher. Dass das Blatt sich schon wenden, das Schicksal ihm schon nicht immer nur die eine seiner beiden Seiten zeigen werde. Was man selbst dafür tun könne, damit es so kommt?

»Bescheiden sein, glaube ich«, sagt Johannes, »ich darf doch?« Und er nimmt sich noch eine Zigarette.

In der Nacht ist der Mönch
nicht gern alleine

Draußen ist es gar nicht so schlimm

Damals in der DDR, da bimmelten in jeder Stadt friedlich ein paar christliche Kirchlein vor sich hin, und in den letzten Jahren vor dem Mauerfall existierten neben der Staatsdoktrin der »historischen Mission der Arbeiterklasse« einige winzige, fernöstlich orientierte Gruppierungen. Nach der Wende durfte der Suchende plötzlich zwischen einer Vielzahl von Möglichkeiten – von Kirche über Sekte bis zur satanischen Bewegung – wählen. Plötzlich stand man mitten im Wettstreit um die Deutungshoheit Gottes.

Dirk B., ein Dresdner, jung, dick, Buchhalter, wählte ISKCON, die Internationale Gesellschaft für Krishna-Bewusstsein, und wurde Diviratha.

Zehn Jahre später.

»Sind Sie Naturforscher?«

»Was?!«

Eines von den Singmädchen ist es, sie läuft in der näheren Umgebung ihrer Truppe auf dem Kurfürstendamm umher und versucht, dicke, bunte Bücher zu verkaufen.

»Ja. Sie sehen so – philosophisch aus.«

»Was? Philosophisch? Na, schönen Dank! Und Sie wie von einer pleitegegangenen Werbeagentur aus Kalkutta.«

Das Fräulein lächelt mich nett an. »Nein, ich verkaufe Bücher. Diese hier. Sie kommen direkt von Gott.«

»Verstehe. Und was verlangt Gott denn heute so für seine Romane?«

Sie nennt verschiedene Zahlen und zeigt dabei unterschiedlich dicke Schwarten vor.

»So also liebt mich Gott«, rechne ich zusammen. Das Mädchen lächelt raffiniert.

Sie gehört zu einer Prozession junger Leute. Manche von ihnen heulen wie schwer betrunken, aber die meisten singen einfach wunderbar.

»Drüben in den Staaten nennt man sie die ›bright shining faces‹«, erläutert mir der abgerissen wirkende Mann mit dem ungesund grauen Gesicht verbindlich. Wie ich ist er stehen geblieben; wir schauen zu der langen Wagenkolonne auf der Straße hinüber.

»Es liegt unter anderem an ihrer gesunden Ernährungsweise, dass ihre Gesichter so leuchten – Vitamin B und Vertrauen in Gott und den Lehrer.«

Sie sind von Hare Krishna, und es sind sehr viele. Sie ziehen blumengeschmückte Wagen langsam an der Kaiser-Wilhelm-Gedächtniskirche vorüber. Auf einem der vorderen Wagen des farbigen Zuges gestikuliert heftig ein hochgewachsener, junger Glatzkopf in einem orangenen Gewand und brüllt in einen scheppernden Handlautsprecher.

»Lassen Sie mich, meine Damen und Herren, Ihnen allen meine große Freude drüber zu Ausdrucke bringen, dass man es uns zu die erste Mal, endlich erlaubt hat, hier, bei diese herrliche Sonnenschein, öffentlich in unseren Wagen heute über die Kurfürstendamm zu ziehen. Die Verkehr hält an, viele freundliche Menschen halten an – alles für Krishna! Sogar die Polizei ist nun im Dienste Gottes beschäftigt und hält für uns, die armseligsten der Untertanen des Herrn, die Straße frei – ist dies nicht wirklich wunderbar?!«

Misstrauisch wittere ich, dass der Kerl vielleicht keinen wirklichen Dialekt spricht, sondern sich den Anschein eines Amerikaners gibt, so gut dies ein deutscher Lügner eben vermag. Mein Nachbar mit den kantigen Zügen lauscht angespannt.

»Mit die Chanten von Hare Krishna ist es eine sehr, sehr einfache Sache, keine komplizierte. Krishna ist einfach der Name Gottes! Wenn Sie zum Beispiel chanten würden: Angela Merkel, Angela Merkel, Merkel, Merkel, Angela, Angela, dann erhalten sie nach kurze Zeit die Bundesverdienstkreuz. Chanten sie hingegen Coca-Cola, Coca-Cola, Cola-Cola, Coca-Coca, dann kommen Sie nach noch viel kürzere Zeit in eine Irrenanstalt.

Aber wenn Sie den heiligen Namen chanten – Hare Krishna, Hare Krishna, Krishna Krishna, Hare Hare, Hare Rama, Hare Rama, Rama Rama, Hare Hare, so bekommen Sie einen sauberen, intelligenten Geist, angefüllt mit wirkliches Wissen. Und außerdem: Sie tun etwas sehr Bedeutendes für alle Menschen, etwas überaus Wirkungsvolles. Ja, und glauben Sie mir ruhig, auch Ihre Brieftasche wird bald auf wunderbare Weise sehr viel dicker sein! Das ist wirklicher Fortschritt! Geistig und materiell zur selben Zeit!«

»Er hat einen Stich!«, vermute ich hilflos. Der verlebt aussehende Mann neben mir, der mich bereits mehrmals angelächelt und auch einige freundliche Sätze gesprochen hat, hört mir gerade nicht zu.

Neben der geschmückten Wagenkolonne laufen junge Mädchen in bunten Saris entlang; lächelnd verteilen sie Gebäck und Süßigkeiten, und der Mann drängt sich in seltsamer Gier eilig zu einer von ihnen hin. Als er an eines der Tabletts langen will, starrt ihm das Mädchen in die Augen und ruft schrill:

»Hii, der Dämon! Der Dämon wieder!«

Zwei junge Männer aus der Prozession sind sofort da. Sie stoßen meinen Gesprächspartner grob, stumm und ernst mit ihren kräftigen Oberkörpern zurück, Schritt für Schritt rücken sie dem Zurückweichenden nach. Sehr professionell sieht das aus und sehr gefährlich, und es fällt fast überhaupt nicht auf, im Gedränge des Sommerwochenendes von Touristen, Einkäufern und Schaulustigen.

»Warum hat sie Dich einen Dämon genannt? Kennen die Dich? Hast Du mal zu denen gehört?«

Sein Gesicht ist aschfahl, und als er resigniert abwinkt, scheint er das mit einer Knochenhand zu tun.

»Wer nicht für sie ist, ist gegen sie«, murmelt er, »und wer kein Gottgeweihter mehr sein darf, der ist eben dann ein Dämon. Dabei ist das alles nicht so einfach!«

»Es ist so einfach!«, singt der junge Redner von seinem Wagen her ins Megafon, »so unvergleichlich einfach: Sie werfen nur Ihre Arme hoch – so, sehen Sie – und fangen damit an, Hare Krishna zu chanten! Nichts weiter gehört dazu, einfach bloß die Heilige Name der Höchsten Persönlichkeit Gottes! Kommen Sie, meine Damen und Herren, probieren Sie es einfach, hier und jetzt, ja, mitten auf diese prächtige, sonnige Kurfürstendamm! Es reinigt so enorm die Seele, es ist ekstatisch! Sie werfen erst die eine Arm hoch – darin haben Sie als Deutsche ja viel

Übung – und dann werfen Sie dazu noch die andere Arm hoch, und dann ...«

»Sei doch froh, dass Du da weg bist.«

»Es ist schwer, irgendwo fortzumüssen und nichts anderes zu haben!«, erwidert der Mann traurig.

»Der da redet, ist – war – mein Guru. Er heißt Sacinandana Swami. Von gewissen Dämonen auch ›The slimy swami‹ genannt.«

Schräg grinst der Mann.

»Und wie hat man Dich genannt?«

»Ich bin – ich war Diviratha. Das meint: ›Der transzendentale Wagen‹. Di-vi-ra-tha.«

»Transzendentaler Wagen! Nein, ist das komisch! Eine Schubkarre, die es nicht gibt!«

»Göttliches Fahrzeug trifft es ja wohl eher!« Diviratha wird knallrot im dicken, gutmütigen Gesicht, vor Zorn und vor Scham zugleich.

Dass ich dort auch einmal war, ziemlich lange sogar, und als Schüler des Meisters seines Meisters damit einer seiner mentalen »Vorgesetzten«, kann ich eine ganze Weile vor Diviratha verbergen.

Irgendwann aber macht er einen Witz, den ich eigentlich nicht verstehen dürfte, und ich lache laut los. Könnte Sie ein Satzanfang erheitern, der aus den drei Worten: »Sri Brahma uvaca ...« besteht? Allein die Erklärung ins bundesrepublikanische Gegenwartsdeutsch bräuchte Seiten. Genau das ist auch einer der anziehendsten Punkte bei geschlossenen Gruppen mit eigenem Geschichtsbild oder gar einer ganzen, uns völlig fremd erscheinenden Kosmologie: Die elitäre Fröhlichkeit. Sie beruht nicht unbedingt auf besserem Wissen oder höherer Subtilität.

Auf dem angefangenen Witz lasse ich Sie sitzen. Möglicherweise tröstet Sie mein Großvater, einer der ersten, der mir immer wieder überzeugt versicherte, aus mir würde einmal nichts werden. Er hatte die Angewohnheit, sonntags am Familientisch mit großer Penetranz immer wieder denselben, öden Witz zu erzählen. Dass seine Ernte bald nur noch aus den gequälten Lächeln besonders barmherziger Familienmitglieder bestand, beunruhigte ihn keineswegs – er nahm an, man habe den Witz nicht verstanden und erzählte ihn noch einmal. Und wenn sich dann immer noch keiner erbarmte und grässlich gekünstelt loslachte, erklärte er verständnisvoll schmunzelnd ausführlich die Pointe.

Als Diviratha während dreieinhalb Jahren Tempeldienst im Bayerischen Wald immer deutlicher erfährt, dass die dort herrschenden ökonomischen Mechanismen sich fast nicht von jenen unterscheiden, unter denen er früher in seinem weltlichen Großbetrieb gelitten hat, wird er aufmüpfiger in seiner Wortwahl.

Bald darauf erklärt man ihn zu einem Dämon, der die Gemeinschaft der Gottgeweihten infiltriert habe, und weist ihn eines Morgens barsch vom Tempelgelände. Diviratha weiß nicht, wohin er gehen soll, er bleibt im Wald sitzen und betet eine Woche lang zu Krishna um gerechte Behandlung, aber Krishna schweigt. Ein paar Jungen aus dem Tempel kommen zu ihm in den Wald und verprügeln ihn schwer.

Diviratha fährt nach Berlin und bleibt auf der Straße. In der ersten Zeit läuft er mit einem kleinen Handlautsprecherwagen durch die Stadt und spielt den Leuten Mantras vor, verteilt bunte, selbstgemalte Bildchen, auf denen Lord Krishna mit seiner Geliebten Radharani zu sehen ist, und versucht, sich als eine Art Sonderbeauftragter Krishnas zu sehen, als Wanderprediger, der Krishna-Bewusstsein auch ohne Anbindung an die Gemeinschaft der Gottgeweihten verbreitet. Doch man klaut ihm seinen Lautsprecherwagen, und eine Menge weitere, kleine Unglücksfälle häufen sich gegen ihn an.

Zu den Versammlungen und öffentlichen Programmen der Gottgeweihten zieht es ihn immer noch, ins weltliche Leben zurückzukehren, gar in seinem ehemaligen Beruf zu arbeiten, ist für ihn undenkbar geworden. Manchmal, sagt er, ist Krishnas Umarmung viele Jahre lang rau, doch wenn einer die Wahl hat, sich zwischen grundloser Unbarmherzigkeit und schwerer Prüfung zu entscheiden, dann ist es immer besser, an Prüfungen zu glauben. Und schließlich – irgendetwas müsse der Mensch ja akzeptieren, irgendeinen Vorgang, ein Konzept.

»Ich verstehe das gar nicht«, meint Diviratha, »da beschweren sich die Leute, bei uns würde angeblich Gehirnwäsche stattfinden. Dabei hat allein dieser Begriff doch eine äußerst positive Konnotation. Warum etwas waschen, wenn es nicht vorher dreckig war? Den meisten von denen, die hier herumlaufen, gehört das Gehirn nicht einfach nur gewaschen. Geschrubbt gehört es, aber kräftig!«

Jean-Jacques Rousseau hat Zeit seines Lebens nach jemandem gesucht, den er den »Edlen Wilden« nannte. Um seinen Theorien von naturbelassenerem Leben und zivilisationskritischer Erziehung in die Praxis aufzuhelfen, fehlte ihm nämlich etwas:

Zwar gab es zwischen den guten und den bösen Kultivierten noch den dumpfen, sinneshörigen Eingeborenen. Doch diese unselige Dreifaltigkeit erschien Rousseau unvollständig und unheilverkündend genug, um nach jenem anderen, von der Kultur nicht verformten, Naturmenschen zu forschen. Nach einem vierten. Nach dem starken, edlen Weisen, der fernab von den Degenerationserscheinungen des – geistige und natürliche – Ressourcen verschwendenden Fortschritts seine strotzende Unabhängigkeit in Klugheit und Schönheit zugleich bewahrte.

In der ersten Zeit meines Lebens auf der Straße habe ich, ohne Rousseau zu kennen, wohl ebenfalls den »Edlen Wilden« finden wollen. Wenn ich erschreckend heruntergekommene Gestalten traf, hatte ich nicht selten ein Empfinden von Ehrfurcht. Ich nahm an, dass die meisten von denen mit Durchhaltevermögen und Konsequenz irgendwelche großen, mir noch unvorstellbaren Ziele verfolgen, dass sie in Jahrhunderten denken würden. Die Idee, dass es auch welche geben könnte, die sich einfach in ihrer Erbärmlichkeit und mit ihren mehr oder weniger verhohlenen Schuldzuweisungen an die Gesellschaft wohl fühlten, wies ich, selbst wenn es sich ganz offensichtlich einfach um charakterlose, parasitäre Strolche handelte, geradezu entrüstet von mir.

Es gibt keine Clochard-Romantik, und seinen »Edlen Wilden« würde Jean-Jacques Rousseau hier niemals finden. Es gibt keine Ehrsamkeit und keinen Marlboro-Cowboy, nur viele Kippen aus Rinnsteinen und verschämt ausgeleerten Aschenbechern, Brötchenreste aus Papierkörben, viel widerlichen Dreck und tiefe innere Verkommenheit. Und Gelegenheit für Experimente.

Ein Versuch von Studenten in einem belebten Großstadtpark. Zweimal wird das gleiche Szenario gespielt: Junger Mann geht spazieren, beginnt unvermittelt zu husten und zu würgen, fällt um, zuckt mit den Gliedern, rollt die Augen.

Beim ersten Mal hat er ausgediente Klamotten an, kaputte Schuhe, ungepflegte Haare, eine Bierflasche. Den zweiten Durchgang absolviert er in blütenweißem Hemd unter schickem Anzug; er fällt gut frisiert um, frisch gewaschen und nach Rasierwasser duftend, statt Bierflasche nun eine Laptop-Tasche. Seine Mitstudenten in diesem Experiment stoppen die Zeit, bis sich einer der Touristen und Spaziergänger entschließt, Hilfe zu leisten. Beim zweiten Mal: knappe zwanzig Sekunden. Beim ersten Versuch: mehr als zwölf Minuten.

»Wie sich das Leben auf der Straße anfühlt? Meistens fühlt es sich gar nicht an. Würde man sich das Fühlen erlauben«, meint Diviratha, »zerfräße einen wohl augenblicklich der eigene Zorn.« Zorn worauf? »Auf fast alles, was man erleben muss.«

Als Diviratha endlich herausfindet, dass ich einst über lange Zeit zu »seinen Leuten« gehört habe, versucht er, sich zu entscheiden, ob ich ein besonders hoch qualifizierter Gottgeweihter sein könnte, der längst nicht mehr predigen muss, sondern Tag für Tag das bescheidene Vorbild lebt, ohne alle Eitelkeiten von Ordenszeichen und rituellem Event. Oder ob ich vielleicht von seinen ehemaligen Tempelgenossen ausgesandt worden sein könnte, um ihn, den gefallenen Dämon, zu überwachen und ihn endlich dem Wahnsinn zu überantworten.

Diviratha scheint zu keinem endgültigen Schluss gekommen zu sein. Zwar redet er nicht mehr mit mir, doch wenn wir uns begegnen, nickt er mir jedes Mal stumm und achtungsvoll zu. Ebenso schweigend und ernst nicke ich dann zurück. Und nur Krishna weiß, wer von uns beiden sich jeweils dabei ein großes, kameradschaftliches Lachen verbeißen muss.

Der Begriff Zeitgeist ist negativ besetzt. Vom Zeitgeist gelenkte Wesen leben von der Hand in den Mund, sind Modeopfer, werden von der Werbung, von kurzlebigen Trends und der primitivsten Meinungsmache kontrolliert, und ihre Bildung beschränkt sich auf die Raffinessen in einer Art Beschaffungskriminalität, um die ihnen vom Zeitgeist auferlegten Bedürfnisse möglichst rasch befriedigen zu können.

Michael L., Muzel genannt, sechsunddreißig Jahre alt, wohnungslos seit dreieinhalb Jahren, hat noch etwas viel Grässlicheres als den Zeitgeist entdeckt, über das er zu referieren weiß: die »Umstandsintelligenz«.

»Die Umstandsintelligenz gehört zum Zeitgeist wie die biblische Braut zum biblischen Geist«, erläutert Michael L. Man setzt sich an irgendeinem Ort nieder und schreibt sich etwas auf, zum Beispiel einen guten Vorsatz zur Veränderung seiner persönlichen Lebenslage. Den Anfang eines guten Plans mit ganz konkreten Punkten, die abzuarbeiten sind. Dann wechselt man den Ort, das muss gar nicht weit sein, nur etwa vom Prenzlauer Berg nach Mitte, und wenn man dort an seinem Plan weiterschreiben möchte, ist auf einmal alles ganz anders. Die Einfälle vom Prenzlauer Berg, dort noch logisch, durchaus grandios und schon morgen leicht zu verwirklichen, erscheinen einen Stadtbezirk entfernt plötzlich nur noch äußerst mittelmäßig, es sind nur noch lächerliche Ideen, man muss sie verwerfen und ganz von vorn anfangen, ganz anders.

Das Leben von Michael L. ist voll von Anfängen, ist ein ständiges Starten und Scheitern, und er führt das darauf zurück, dass eben an jedem anderen Ort die Intelligenz des Menschen sich mit anderen Umständen verbindet und ihn in seinem Verlangen nach Stetigkeit negativ beeinflusst. An jeder nächsten Straßenecke sei man bereits wieder ein völlig anderer. Dummerweise hat Michael L. das damals auch den Leuten vom Arbeitsamt am Telefon erzählt, hat gesagt, er könnte sich zwar jetzt durchaus auf den Weg machen, entschlossen wie der Innenminister, aber wenn er angekommen wäre, würde mit ihm nicht mehr zu reden sein, wegen der veränderten Energie der Umstände und der daraus resultierenden Verschiebung seiner persönlichen Prioritäten. Er hat seinem Arbeitsberater empfohlen, stattdessen zu ihm zu kommen, in das nette, sonnige Liegestuhlcafé am Ufer der Spree, wo er gerade saß, das wäre die einzige Lösung, die er anbieten könne.

Der Mensch stammt nicht vom Pfaffen ab ...

Draußen gibt's für Arzt und Priester meist nur Wüste

Mit den Jahren ist ihm sein immer gleicher Weg schwerer geworden, die Träume sind den Realitäten gewichen, und inzwischen geht es darum, mit dem Fahrrad die kleine Anhöhe zu bezwingen, ohne darüber zu fluchen, wie schwer das fällt. Und immer noch glaubt er, dass sich das alles wieder umkehren wird, irgendwann, irgendwie. Längst haben sich das Wirkliche und das Vorstellbare weit voneinander getrennt, in der tiefer werdenden Schlucht dazwischen tappt er dahin, zetert, brabbelt, findet seltsame Bedeutungen in dem wertlosen Zeug, das man von der einen oder der anderen Seite achtlos herabgeworfen hat. Er lädt das auf den kleinen, quietschenden Wagen hinten an seinem Fahrrad, nachts ordnet er diese Dinge hin und her, redet mit ihnen, achtet darauf, dass sie ihm nicht zu viel oder zu wenig zu bedeuten beginnen.

»Wenn Sie ein Foto von Dir machen, musst Du aber aufpassen, dass Dein Buckel nicht mit aufs Bild kommt, sonst kriegst Du nachher das Album nicht mehr zu.«

Gernot beobachtet genau mein Gesicht, meine Reaktion auf seinen »Witz«. So etwas, sagt er, haben sie ihm schon damals als Schüler erzählt, und da er nicht zuschlagen konnte, hat er mitgegrinst. Irgendwann hat es ihm gereicht, mit dem beifälligen Grinsen.

Gernot ist jetzt um die sechzig, er hat einen mächtigen Buckel und ist vielleicht einssechzig groß.

»Mein Problem ist ganz einfach«, knurrt er freundlich, »kannst Du in nur einem Satz beschreiben: Was ich will, bekomme ich nicht, und was ich bekomme, will ich nicht.«

Er lebt vom Nötigsten. Wohnung und staatliche Unterstützung gehören schon lange nicht mehr dazu. Schlafen? Abrisshäuser, Baustellen, Hausflure. Waschen in Restauranttoiletten. Kleingeld für Kaffee und eine Flasche Cola – leere Flaschen sammeln. Essen einmal am Tag, immer vier Brötchen und einmal abgepackte Salamischeiben, seit Jahren dasselbe. Manchmal statt der Salami Bierschinken. Kein Betteln, Reden möglichst selten.

»Sobald man den Mund aufmacht, gehen die Probleme los.«

»Was man bekommt, will man nicht, und was man will, kann man nicht haben? Das sind zwei. Es gibt aber drei.«

Gernot hat ausgezeichnet gefeilte, sehr saubere Fingernägel. Er betrachtet sie eine Weile, dann fragt er: »Drei was?« Er zwinkert misstrauisch interessiert.

»Die Drei Großen Leiden aller Menschen. Hat angeblich Buddha entdeckt. Leiden eins: Man wünscht sich etwas und kann es nicht erreichen. Leiden zwei: Man bekommt etwas und wird es nicht mehr los. Und das dritte: Man besitzt etwas und kann es nicht so behalten, wie es ist.«

»Das dritte finde ich, glaube ich, am besten. Was soll denn daran ein Leiden sein? Für manche kann's doch nur besser werden«, murmelt Gernot. Früher, als er noch Papiere hatte, stand er in einer Komparsenkartei, da bekam er manchmal Angebote für kleine Rollen.

»Als Zwerg im Märchen, kannste Dir noch angucken, war ein DDR-Märchenfilm von der DEFA. Böser Höhlenmensch war ich auch, und Thronwächter des Teufels, mit einem blutigen Beil in der Hand. Da musste ich zusätzlich noch schielen, ich kann Dir sagen. Einmal habe ich den Narren in einem Shakespeare-Stück gespielt. Den ganzen Scheiß-Text kann ich noch auswendig, ich wollte, es wäre nicht so: ›Der Narr hält sich für weise, aber der Weise weiß, dass er ein Narr ist.‹ Ja, aber das ist alles ewig her, ich spiele schon seit Langem keinem von Euch mehr den Narren, das kannste mir aber glauben, kannste mir das!«

Gernot erhebt sich ächzend, er winkt mit seiner schönen, gepflegten Hand und hinkt langsam weiter. Eines seiner kurzen, krummen Beine ist kürzer als das andere. Winzig verschwindet er in der Menge der Touristen.

Olaf M., Mitte dreißig, stolz auf seine Wohnungslosigkeit, zieht den Jackenkragen vor seinem Hals zusammen. Er meint, dass hier sowieso bald alles ganz anders werden würde. Denn auch die Politik habe Jahreszeiten und kenne ein Erblühen und ein Verwelken. Derzeit befänden wir uns im Spätherbst, bereits am Ende der immer bedeutungsloser und lächerlicher werdenden Sprüche der Mächtigen.

»Und dann?«, frage ich, »Wie sieht der Winter aus?«

»Dann erfrieren die meisten Quatschköppe in ihren eigenen Ausreden. Dann geht es wieder um Taten. Und längst nicht jede Pflanze kommt auch über den Winter ...« Er nickt eine Weile vor sich hin. »Schön, dass es nicht mehr lange hin ist, bis Weihnachten«, sagt er, »Um die Zeit verdient ja unsereins mit Stillsitzen am meisten ...« Dann lacht er wütend auf: »Die sagen Dir ständig, Du müssest ›mit der Zeit gehen‹. Etwas Dümmeres habe ich selten gehört. Was für eine Option hätte denn die Zeit, dass ich mit ihr zu gehen hätte, ohne dass ich auch nur eine Andeutung darüber höre, wohin? Mit der Zeit gehen? So wie ich die Zeit derzeit wahrnehme, wäre das nicht nur die Katze im Sack kaufen, sondern einfach nur Selbstmord. Und was heißt hier ›das Leben‹ zöge ansonsten nur sinnlos an einem vorbei?! Es sind einfach von der Zeit betrogene Menschen, die vorüberziehen, viele Leute, und alle in einer ganz falschen Geschwindigkeit. Sie sind froh wie der Frühling, während es einem selbst traurig geht, wie dem Herbst. Man sieht ihnen zu, man weiß, dass sie alle in ihr langsames Verderben laufen, mit vollen Einkaufstüten. Mit strahlenden Gesichtern wetzen sie dem Tod in die Arme.«

»Falsche Geschwindigkeit?«

»Ja, alles wirkt rasend schnell, und da hat man dann einige Möglichkeiten, damit umzugehen: Du kannst denken, dass Dich alle überholen und Du am Ende einsam zurückbleiben musst. Das bringt Dich nicht weiter als bis zum Arzt. Oder Du kannst Dich nun erst recht freuen, und zwar an dem, was die anderen wegen ihrer Eile schon längst nicht mehr wahrnehmen. Ich glaube, wer nicht so schnell ist, der lebt ungefährlicher, der Tod ist mit den Langsamen, er wartet gern, zum Beispiel auf Dich, Dein ganzes Leben lang. Vielleicht ist der Tod verliebt ins Warten, ja, ich denke, so wird es wohl sein. Der Tod ist verliebt ins Warten.«

»Ins Warten worauf?«

»Das wird wohl für den Tod nicht mehr die Frage sein. Das hat sich für ihn längst verselbstständigt. Der wartet einfach und genießt das. Er schwelgt im Warten. Warst Du mal angeln? Da sitzt Du nicht einfach ungeduldig da und wartest, dass der nächste Fisch an der Schnur zieht. Der Barsch am Haken, das ist eher ein Nebenbei-Erlebnis, in Wirklichkeit geht es ums Dasitzen und Warten. Die Landschaft, das Wasser, mal ein Boot, das vorüberfährt, Vögel in den Bäumen, eine Ameise, die Dir über den Arm läuft, der eigene Atem.«

»Und Du fühlst Dich ein bisschen wie der Tod?«

»Eher wohl nicht. Ich bekomme vielleicht ein wenig von ihm ab, von seiner Beobachtungsgabe, von seinem Genuss an dem, was fast stillsteht. Aber am Ende wird er mit mir genauso wenig verhandeln, wie mit Dir oder mit dem da drüben.

Man sitzt eben lieber da und spekuliert darüber, weshalb man etwas nicht schaffen kann, statt zu erkennen, dass es genau dieses Spekulieren ist, was einen am meisten daran hindert. Irgendetwas ist nur zwei Meter von Dir entfernt, und Du müsstest jetzt nur aufstehen und es Dir holen, doch was machst Du? Du denkst lieber verzweifelt darüber nach, warum es Dir völlig unmöglich ist, Dich jetzt zu erheben. Und drei Minuten später: Schnapp!, hat es sich ein Anderer geholt, einfach so, im Vorübergehen. Und zur Summe Deiner Misserfolge kannst Du wieder eins draufzählen, und dann noch eins und noch eins. Tja, und dann ist es auch schon wieder Abend geworden.

Eddie Murphy kommt in einem seiner dämlichen Filme nach Tibet und trifft dort einen alten Zenmeister, dem er seine Faxen vormacht. Irgendwann sagt der Alte kopfschüttelnd: ›Ach, Ihr verfluchten Narren aus dem Westen! So viel Kraft habt Ihr, und so wenig Geist, etwas Nützliches damit anzufangen!‹ Auf den Osten geschaut, ist es dort genau andersherum: Man verfügt dort über ungeheuer viel Geist, aber es ist fast keine Kraft da, um eine der vielen schönen Ideen und Vorsätze auch zu verwirklichen.

Wenn man den Menschen Himmelsrichtungen zuordnen könnte, dann wäre es für die ohne Wohnung wahrscheinlich meistens der Osten. Es gibt da auch ein altes, chinesisches Sprichwort: ›Wenn Du etwas vorhast, so wende Dich dem Westen zu. Hast Du jedoch nichts Besonderes vor, dann ist es gut, nach Osten zu schauen.‹ Und siehst Du, auch das ist schon wieder eine Spekulation, nur eine Geschichte aus dem Kino, eine Glückskeks-Weisheit. Denn hier ist ja nicht Osten oder Westen, sondern hier ist die Mitte, nein, nicht Europa, sondern wir sind hier. Statt zu dem beizutragen, was ich mir wirklich wünsche, erzähle ich Dir was, und statt Dich gefälligst zu dem Problem hinzuscheren, das Du heute zu klären hättest, schreibst Du was auf, und irgendwann wird es jemandem, der das dann liest, ganz genau so gehen: Eigentlich wollte er in derselben Zeit etwas völlig anderes machen, und er wird Dich hassen, weil Du es geschrieben hast, und mich, weil ich es gesagt habe, und sich selbst, weil er immer weiterliest, in der dämlichen Hoffnung, dass da noch was kommen könnte, mit dem er etwas anfangen kann.

Verblödete Hoffnung, Angst, Verzweiflung, mengenweise schlechte Erfahrungen, gemeine Ratschläge von Feiglingen, die uns noch nach Jahrzehnten in den Ohren klingen, die wir nie wieder losgeworden sind: Wir sind körperlich und geistig schwer behindert, mein Lieber, und alles, auf was wir warten, ist unsere Schwachsinnigenrente.«

Ich bringe es fertig, mich mit einem Ruck zu erheben.

»Dann gehe ich jetzt mal mein Problem klären. Was machst Du?«

Er erhebt sich mit mir und reicht mir die Hand. Schrecklicherweise hat jetzt hinter einem geöffneten Fenster auch noch jemand »Forever young« laut aufgedreht.

Vor einer großen Schlacht hat König Heinrich V. seine Männer angeblich gefragt: »Was unterscheidet den König vom Volk? Es ist nur eine einzige Kleinigkeit: das Ritual!«

Wohnungslosigkeit bringt selten große Könige, wohl aber die eigentümlichsten Rituale hervor. Nicht immer sind es ästhetische Rituale. Wenn Richard nur in Flaschen uriniert und in Schraubgläser defäkiert und seine heiligen Essenzen dann seit Jahren in einem nicht genutzten Keller bunkert, müsste man schon etwas überlegen, bevor man hinter den tieferen Sinn solcher Maßnahmen kommen kann. Richard sieht seine Hinterlassenschaften als die Ergebnisse einer schweren Arbeit, jener der Verdauung, an. Als echte Produkte, deren Wert vielleicht derzeit nicht in Mode ist, aber wie lange halten schon Moden.

Draußen begegnet uns dieses »fremde Ritual« immer mal wieder. Und wenn wir es nicht vorziehen, lieber sofort verwirrt wegzuschauen, könnte ein »learning from mad men« durchaus zu einem vergnüglichen Unterricht werden. Wie auch immer – bereits nach wenigen Monaten »auf der Straße« dürfte mancher ein »Bildungsdefizit« als Begründung von Wohnungslosigkeit anders bewerten, als die zeitgenössische Sozialwissenschaft. Kleiner Bildungstipp bezüglich der Frage, wie sich das Leben auf der Straße anfühlt? Nach der geringsten Überheblichkeit haben Sie nahezu sofort Begegnungen mit Unerwünschtem.

Warum lebt jemand lieber jahrelang oder gar Jahrzehnte mit einem klar erkannten Problem, als den verhältnismäßig geringen Kraftaufwand aufzubringen, das Problem zu beseitigen? Im Gegensatz zu sehr vielen anderen Gesellschaftssystemen ist es in Deutschland derzeit geradezu paradiesisch einfach, sich zumindest in den Status eines ALG-II-Empfängers zu bringen, das hiesige Recht auf Grundsicherung wird man in den wenigsten Staaten finden.

Eine alte Weisheit lässt uns ausrichten, dass ausnahmslos jedes Vorhaben erfolgreich durchzuführen sei, wenn man nur zweierlei abstellen könne: Angst und Ablenkung. So hat Gott die Welt geschaffen? Einfach ein Akt furchtloser Konzentration?

»Ooch, das ist nichts kompliziert Psychologisches«, meint Henry, Bewohner eines verlassenen Streckenwärterhäuschens an der S-Bahn-Line nach Erkner bei Berlin und Brötchenteiggeber eines freundlichen Eichelhähers.

Viele der »Szenestars« sollen hier nicht erwähnt werden. Diese grotesken Gebieter lächerlicher – und oft sehr gewalttätiger – Universen haben Aufmerksamkeit als ihre Währung erkannt, und was immer man mit ihnen tun sollte, damit auch noch bezahlen sollte man sie nicht.

Obwohl man hört, dass Paare am besten in der Wildnis überleben würden, sind gerade Paare unter den Wohnungslosen am Seltensten auszumachen. Es gibt einige schier untrennbar scheinende Männergespanne, aber Mann-Frau-Verhältnisse fast nie. Überhaupt ist Sexualität oder gar Erotik größtenteils ausgeblendet. Bedürfnisse nach Essen, Trinken und Schlafen sind schwer genug zufriedenzustellen, die Komplexität von Beziehungen, die auch Berührung beinhalten, ist meistens eine unerreichbare Exklusivität. Gespräche über solche Themen finden in einer rüden, archaisch-männlichen Sprache statt, die kumpanenhafte Vulgarität im Ausdruck der Verachtung des Unerreichbaren ist schwer erträglich.

Der Selbstversuch funktioniert ja in den allermeisten Fällen nur von oben nach unten. Kennt jemand Obdachlose im Selbstversuch in Lofts und der Beletage?

Milan, vielleicht vierzig, tschechischer Dialekt: »Was Obdachlose über Obdachlose zu sagen haben? Du meinst, *den* Obdachlosen? Oder den mit Haus, Hof und Garten? Ich war einmal in einem Nachtcafé, da spielten sie sehr laute Musik. Zwei große, schwarze Lautsprechertürme zitterten von den Bässen und dem Gekreische. Und oben auf einem der Türme lag gemütlich zusammengerollt eine Katze und schlief selig.

Man gewöhnt sich an alles, an das arm sein, sogar an den Hunger gewöhnt man sich, und auch an den kaltschnäuzigen Anblick der Armut auf den Straßen während des Eisessens und Cocktailschlürfens.

Ich hätte zu sagen, dass man sich immer wieder fragen sollte, was man nicht mehr ändern möchte, weil man sich schon so sehr gewöhnt hat. Oder so: Ich hab mich öfters gefragt, wohin denn wohl eigentlich die ganzen griechischen Götter irgendwann verschwunden sind. Dazu hat mir jemand geantwortet, dass sich die Götter einfach auflösen, wenn sie nicht mehr angebetet und mit Hingabe versorgt werden. Das ist bei den Menschen nicht anders. Sobald man sie zurückweist, nicht mehr freundlich behandelt, vereinsamen sie und verdorren. Bloß, dass die Götter eben besser sind, sich Energie zu besorgen. Nötigenfalls stürzen sie Dich ins Unglück, damit Du sie anbettelst.«

»Wenn aber die Götter so gut darin sind, sich Hingabe zu erzwingen, wohin sind denn nun die ganzen griechischen Götter verschwunden?«

»Na, ich würde sagen, die haben was Besseres gefunden, was? Sind weitergezogen, der Zeus und sein Hofstaat, wie damals die Kurkönige, wenn sie eine Stadt erst richtig ausgeplündert und die Landschaft ringsherum abgegrast hatten. Haben hier keine Kunden mehr. Sagt man nicht: Wenn Du Fische verkaufen willst, bring den Leuten nicht das Angeln bei?«

»Alles ist immer nur ein großes Geschäft? Friss oder Du wirst gefressen? Nichts, das drüber hinausreichen würde?«

»So lange es ums Fressen geht, ganz bestimmt. Apropos Fressen, Du hast nicht zufällig einen Fünfer? Drei vielleicht? Einer tut's auch zur Not.«

Tim ist Konferenz-Hopper. Seine Besitztümer passen in eine Reisetasche. Er hat sich Hefte besorgt, in denen die monatlich in der Stadt abgehaltenen Symposien, Kongresse und Konferenzen aufgelistet sind. An fast jedem Tag hat er etwas vor. Computermessen, medizinische Fachtagungen, wissenschaftliche Vorträge, öffentliche Jahresveranstaltungen von Konzernen, Filmvorführungen, Buchvorstellungen, an den Abenden Vernissagen, Lesungen, manchmal sogar Firmenfeste.

Um sich den Eintritt zu verschaffen, kennt er die verschiedensten Tricks und Kniffe. Meistens reicht es, am Empfang ein Missverständnis vorzutäuschen, irgendeinen Verwaltungsfehler bei der Voranmeldung. Darin ist Tim äußerst variabel, er kann mit einer entschlossenen Stimme und einem geraden, zornigen Blick aufwarten und bekommt meistens schnell sein Tagungskärtchen ans Revers seines abgetragenen, braunen Anzugs geheftet oder wird in den Gästelisten nachgetragen.

Exklusive Büffets, Tüten mit Prospektmaterial, Produktproben, Give-aways, Freikarten und Gutscheine sind seine Beute. Des Öfteren beobachtet er unauffällig die Garderoben, ob jemand etwas abzuholen vergisst und meldet sich dann am nächsten Tag, um sich einen Mantel oder eine Jacke herausgeben zu lassen. Das lässt sich verkaufen.

Trotz allem, was er auf seinen Versammlungen lernen kann, haftet seiner seltsamen, einsamen Reise durch die verschiedensten Wissenszweige etwas Dumpf-Vegetierendes an.

Während er dem fast unverständlich breiten Amerikanisch eines Konzernleiters zuhört, der im ehemaligen Staatsratsgebäude der DDR triumphierend die aktuellen Verkaufskurven kommentiert, freut er sich auf kaviarbestreute Eierhälften und Weißweinschorle, auf das Preisausschreiben am Nachmittag.

Draußen geht es auf Weihnachten zu, es schneit, und für Tim ist es warm. Am Nachmittag kann er zwischen vier verschiedenen Vorträgen wählen, dann gibt's noch mal ordentlich Essen, da kann er sich auch etwas für nachts im Keller einpacken. Morgen ist wieder volles Programm, langweilige Vorträge zwar, aber vielleicht schafft er es, sich in die Bustour nach Sanssouci zu schmuggeln.

Vielleicht erstaunt es andere weniger als mich: Auf einer Fläche von höchstens zehn Quadratkilometern kann man im Jahr 2015 immer wieder dieselben Leute treffen.

Die Frau, die auf einer Bank sitzt und den Verkehr der gesamten Welt mit ihren Zähnen regelt. Höchstens dreißig Jahre alt.

Helga G., Alter schwer schätzbar, die täglich an der Gedächtniskirche steht und stundenlang ruft: »Ficken ist Frieden! Wichst Euch alle einen runter, drei Mal am Tag! Mutti passt schon auf, dass nichts passiert!«

Mireille M., vielleicht fünfundsechzig Jahre alt, zieht mit ihrem Einkaufswagen voll übelriechendem Plunder immer im selben Bezirk umher, will einmal die gut bezahlte Geliebte von Erich Honecker gewesen sein, erzählt detailreiche Geschichten aus dieser Zeit.

Der Mann mit der goldenen Hose und dem Strohhut, zwischen fünfundvierzig und fünfundfünfzig Jahre, Sprachschwierigkeiten, der »einer sehr bekannten Filmschauspielerin zu ihrer Karriere verhalf und nach Jahren in teuren Hotels überall auf der Welt von ihr verstoßen wurde, wie ein Hund, was aber nicht schlimm ist, denn sie wird wiederkommen und ihn für alles entschädigen«.

Werner von S., fünfunddreißig Jahre alt, sieht älter aus, Nachfahre von Leonardo da Vinci, mehrere Häuser und Landbesitz auf Key West in Florida, Berater fast aller großen Hollywood-Regisseure, wegen einer lasziven Bemerkung zu Sandra Bullock aus der Gesellschaft verstoßen, arbeitet derzeit an verschiedenen großen Drehbüchern, darf aber verständlicherweise nicht namentlich genannt werden.

Ein Raumschiffkommandant namens Pertyla, dort, wo er herkommt, hat man keine Nachnamen. Leiht sich die Telefone Vorüberkommender, um den Buckingham-Palast anzurufen, weil er die Queen vor etwas warnen muss, über das er nicht sprechen darf.

Else, etwa sechzig Jahre, genannt die Samenbank, eine Ewige, die das Sperma aller Männer für das immerwährende Leben in sich bewahrt.

Omkara Das, geschätzte fünfundvierzig Jahre alt, asiatischer Habitus, ein weiterer Außerirdischer, nach vier Jahren Einge-wöhnung in einem tibetanischen Anpassungskloster nun in Deutschland als Beobachter einer um Jahrtausende überlege-nen, humanoiden Spezies eingesetzt.

Eine noch sehr junge Frau, adrett gekleidet, sorgsam frisiert und geschminkt, die an der Ecke zur Sparkasse steht, überra-schend Leute schubst und ruft: »Ich war eine weiße Taube! Eine weiße Taube war ich, und was bin ich nun?! Pass doch auf, sonst fällst Du hin!«

Vorsicht vor Blumenwalterchen! Der winzige, verhärmte Alte bietet mit zärtlichem Lächeln soeben aus der naheliegen-den Rabatte gepflückte Blumen an. Wer sie ergreift, muss erfah-ren, dass sie fünf Euro kosten, kein Rückgaberecht. Wer darauf zu bestehen versucht, wird von Blumenwalterchen verflucht und bespuckt, wer flieht wird in den Rücken getreten.

Die beiden sich unentwegt streitenden Alten in Lumpen, die sich so fatal ähneln.

Oder jener andere Alte, der erzählt, wie er als Schüler oft aus dem Klassenfenster geschaut hat. Unten auf der Straße vor der Schule habe ein heruntergekommener, bärtiger alter Mann her-umgelungert, über den er immer gedacht habe: »So wie der da unten wirst Du einmal werden, wenn Du alles falsch machst im Leben.«

»Und nun, mein Junge, sieh mich mal an!«

»Ich verstehe nicht. Du ziehst jetzt vor irgendwelchen Schulen herum und glotzt bedrohlich in die Fenster, damit die Geschichte so immer weitergeht?«

Recht normal erscheint dagegen Bruno. Bruno steht in der Toreinfahrt einer belebten Einkaufsmeile und spielt auf seinem Saxofon immer dieselben Töne, bis man ihm aus den Fenstern der Büros Geld dafür zuwirft, dass er verschwindet. Früher hat der Sicherheitsdienst ihn wiederholt zu entfernen versucht, es hat sich aber herausgestellt, dass ein paar Münzen gegen das Theater, welches Bruno ansonsten aufführte, ein gutes Geschäft ausmachten. Inzwischen sammeln die Sicherheitsleute in den ansässigen Boutiquen und Agenturen Kleingeld für Bruno und erkaufen sich damit dessen vorübergehende Abwesenheit.

Aus Platzgründen beschränken wir uns auf diese kleine Auswahl.

Witzig? Wenn jemand angesichts dieser Gestalten auf die Idee käme, nur ein paar Jahrzehnte zurückzuschauen, würde er in vielen Fällen Kinder wie sich selbst sehen, ohne größere Auffälligkeiten, um ein paar Süßigkeiten flehend, Strichmännchen unter lachenden Sonnen mit acht bis zwölf Strahlen und erste, zittrige Buchstaben auf Papier malend. Und die Oma so lange mit Fragen danach traktierend, warum der Mond nicht herunterfällt, bis diese entnervt der Weisheit letzten Schluss verkündet: »Ach, warum, warum? Du immerzu mit Deinem ewigen Warum! Damit Du was zu fragen hast!«

Bei meinen Begegnungen habe ich mir immer wieder gesagt, dass ich das jetzt unbedingt aufschreiben muss, sonst glaube ich es mir später selber nicht mehr. Das kannst Du später einmal keinem erzählen, habe ich oft gedacht.

Des Öfteren sind die Gespräche selbsterklärend.

»Ich lauf so rum, das mach ich seit zwanzig Jahren oder länger. Das gibt's nicht mehr dazu zu bemerken. Zusammengefasst kann man sagen, ich wandere langsam durch die Trauer, dass alles immer weniger wird. Bis das Wandern aufhört und wieder nichts ist. Wenn im Nichts was wäre, würde ich meinen, das, was da ist, ist in erster Linie erholsam.«

»Ständig von etwas inspiriert sein müssen, immer auf der Jagd nach Neuem, was bringt mir das?«

»Gesellschaft, in der man durch Leistungen beweisen muss, dass man ein Existenzrecht hat, ist schlechte Gesellschaft. Ich hab auch studiert, sogar ein Fach, das man heute noch gut betrachten kann. Aber ich zog die Gesellschaft einer Horde Penner und deren Mutterwitz dem intellektuellen Anspruch von Salonpartys, auf denen man zeitgenössische Literatur, Politik, Kokain und den frühen Karrieretod diskutiert, regelmäßig vor. In verschiedenen Kreisen war ich der Beste. Ich war der Beste, konnte mit den Leuten machen, was ich wollte, ich blieb der Beste. Nur eines konnte ich nicht: dort weggehen. Abhauen ist verboten. Also habe ich ein paar Skandale gemacht, mir selbst die Türen vor der Nase zugehauen. Das, was Du als meinen Abstieg bezeichnen magst, ist nur konsequent.«

»Hunger? Irgendwann habe ich es einfach aufgegeben, nach Essbarem zu suchen. Die Mülltonnen stanken mir zu sehr, das Betteln war mir zu erniedrigend. Ab dem sechsten oder siebten Tag wurde es angenehm, nach zwei Wochen waren für mich

Menschen, die ich essen sah, nur noch Schweine. Nach einer Weile war ich dann allerdings wieder etwas rücksichtsvoller. Ich wurde auch nicht mehr dünner oder schwächer, es ging mir blendend. Wenn ich Ihnen erzählte, wie lange ich das ausgehalten habe, Sie würden mich auslachen und sagen, dass das ja gar nicht geht – ›ausgehalten‹ ist auch nicht der richtige Begriff. Ja, getrunken habe ich weiterhin, aber nächstes Jahr, wenn es wärmer wird, will ich es auch einmal ohne Trinken versuchen.

Fakt ist jedenfalls: Man muss nicht essen, und ganz besonders nicht dreimal täglich. Mit den Veränderungen in der Körperchemie verändern sich auch die Wünsche. Das rückt alles ganz schnell von einem ab; zuerst kommt man sich unmenschlich vor, weil einen ja das »Hunger, Hunger!«-Geschrei nicht mehr beeindruckt, man ist ganz entzückt von dieser neuen, fremden Moral.

Reden möchte man auch nicht mehr, selbst das Atmen kommt einem wie ein Laster vor. Müdigkeit ist eine Weile ein großes Problem, aber auch das gibt sich. Und irgendwann meldet sich dann einer, der kümmert sich um Dich. Nein, sehen kann man das nicht, aber hören. Nette Gespräche, nichts Abgefahrenes, nein, Sachen, die man wirklich gut versteht, unglaublich humorvoll und intelligent. Ganz neue Sichtweisen, sagenhafte Zusammenhänge. Aber auch völlig ausweglos. Dialoge als absolute Glanzleistungen der Intelligenz, all die Mühen der Leute um Erfindungen und Entdeckungen – lächerlich! Eine kurze Konzentration auf irgendein Problem, und es war gelöst. Klingt asozial, nicht wahr? Sicher, man hätte ja auch helfen können, mach es doch einfach so, dann sparst Du Dir Jahrzehnte an Arbeit und Grübelei.

Aber es ist mindestens genauso schwer, etwas so zu lassen, wie es ist, wie es Anstrengung bedeutet, etwas zu verändern. Na ja, das sind dann eben persönliche Entscheidungen, manche wollen etwas verändern, und manche wollen stattdessen etwas anderes. Ich möchte nichts verändern, ich möchte etwas anderes, so habe ich mich entschieden. Was das ist? Nein, das sage ich Dir nicht, dann möchtest Du das ja auch, und so, wie Du bist, mag ich Dich ganz bestimmt nicht dabeihaben.

Ja, derzeit esse ich wieder, nicht sehr viel, aber ich esse. Es schmeckt mir nur ganz anders als Dir, es schmeckt überhaupt erst dann, wenn man wirklich von sich weiß, dass man es auch nicht tun muss. Das ist bei fast allen Dingen so, wirklich Freude bereiten sie erst dann, wenn man sie nicht mehr unbedingt immer haben will, sondern sie vielleicht manchmal haben möchte.

Was ich vorhabe, im Leben? Sagte ich doch, darüber rede ich nicht mit Dir, doch wenn es Dich beruhigt: Ich habe etwas vor. Derzeit warte ich. Bis ich das verwirklichen kann, muss sich noch einiges klären, das wird wohl noch ein bisschen dauern. Na, ich habe Geduld bis dahin. So, und nun muss ich weiter, willst Du noch einen Tipp? Nein, lieber nicht, was? Von solchen wie mir lieber nicht, was? Mach's gut, Junge, und: bis gleich.«

»Du gehst davon aus, dass wir alle von Draußen nach Drinnen wollen? Dass der Ausweg aus ihren Teufelskreisen eine der schnurgeraden Linien Eurer Karrieren wäre? Und wenn Ihr dann über das Draußen redet, dann packt Euch etwas wie eine unangenehme Verpflichtung zu bitterem Ernst, und man muss über Eure edelmütigen Gesichter lachen. Ich kann mir nicht helfen, von hier Draußen betrachtet, seid Ihr alle recht witzige Vögel. Das Letzte, was einem einfallen würde, ist, Euch ernst zu nehmen. Vielleicht, weil man Euch dann alle sofort umlegen müsste. Ihr seid dumm, gierig auf Faulheit, heimtückisch, parasitär, stets gewaltbereit, wo Euch nicht die Entdeckung droht, Ihr seid keine Herausforderung wert. Kümmert Euch nicht um das Draußen. Bleibt drin und erstickt am Gestank Eurer Putzmittel und verdrängten Fürze.

Draußen will man, dass sein kann, was nicht sein darf. Dass Wunder Selbstverständlichkeiten sind. Dass man mit Geschenken keine Geschäfte macht. Das Mögliche statt nur immer das Menschenmögliche. Das andere statt den einen, der man nicht selber ist. Das Behagen am eigenen Kult statt des Unbehagens an der fremden Kultur. Das Weggehen statt den Fortschritt.

Die eigenen Geschichten statt aufgezwungener Geschichte. Und besonders: Keine wissenschaftlichen Begründungen, Fußnoten und Zitate.

Wenn ich was gelernt habe, dann das: Sobald Du die Klappe aufmachst, gehen die Probleme los! Ich hab das nicht angefangen, ich habe mich immer an ›wie Du mir, so ich Dir‹ gehalten und nie gesagt: ›Erst Du mir, dann ich Dir‹.«

Obdachlosigkeit ist kein wissenschaftlicher Begriff, und mit den die Sachlichkeit gestreng untermauernden Zahlen tut man sich diesbezüglich schwer. Sie wissen ja, was die Wissenschaft zu Gott sagt? »Gott ist kein lohnenswertes Forschungsobjekt.« Punkt. Vermutlich sieht diese Wissenschaft das in Bezug auf Gottes kleine Teufel ganz ähnlich.

Am Rande des Wohnsinns

Draußen ist einer, der nicht nehmen kann

»Ich kannte einen sehr reichen Mann in einem Villenviertel bei Potsdam. Der hatte einen langen, hohen Gartenzaun, den hatte einer seiner Handwerker zu entrosten und zu streichen, pro Stange bekam er dafür zwei Euro, und der hatte mich gefragt, ob ich es für einen Euro pro Stange machen würde. Ich bin einmal um das große Grundstück gelaufen und kam auf rund dreitausendzweihundert rostige Eisenstangen mit Pfeilspitzen obendrauf, das war ein Vermögen für mich.

Der Hausherr hat seinen Handwerker erst angebrüllt, aber als er mich ein paar Mal recht fleißig bei der Arbeit gesehen hatte, schien er ganz zufrieden. Er unterhielt sich in den folgenden Tagen öfters mit mir, erzählte mir von seinem reichen Leben und fragte mich über mein armes Leben aus.

Eines Abends steht er dann also da, knappe zwei Meter vor mir, und er sieht mich schweigend an. Sonnenuntergang, im Hintergrund seine Millionenvilla, sein nachtblauer, strahlend geputzter Rover, er selbst ganz in Armani, mit Achthundert-Euro-Budapestern an den Füßen, Rolex am Handgelenk. Es geht ihm wohl ziemlich schlecht, wer weiß, vielleicht hatte er bloß ein paar Nächte durchgekokst, oder er hatte ein elend schlechtes Gewissen, sowas kommt ja aus den verschiedensten Gründen plötzlich vor, jedenfalls sieht er entsetzlich aus in all seinem Reichtum, wie der Tod, mit lauter Zeug behängt, das gar keinen Bezug zu ihm hat. Und er schaut mich an, lange, mit feuchten Augen, er schaut mich immer nur an.

Und ich, in meinem zerknitterten T-Shirt, ungewaschen, den tropfenden Pinsel in der Hand, weiß aus irgendeinem Grund ganz genau, dass ich jetzt alles von ihm haben könnte. Ich müsste ihn nur einfach fragen. Aber ich frage nichts, und so stehen wir bloß immer weiter da und betrachten uns. Einer, der nicht geben kann, wenn er nicht die Bitte hört, und einer, der nicht nehmen kann, wenn er darum betteln muss. Ihm geht es um das Wort, mir um die Tat. Zwei völlig verschiedene Welten.

Wir stehen da wie zwei Statuen, er wartet auf mein Reden und ich auf sein Tun. Es wird immer spannender, fast unerträglich, ringsherum knistert schon alles wie elektrisch aufgeladen. Alles wirkt ungeheuer bedeutend und auch ein wenig lächerlich, so wie bei zwei Cowboys in einem Duell in einem schlechten Western. Nichts geschieht. Später dachte ich, das müsse einmal ein Bildhauer nachstellen oder ein Skulpturenmacher, aber das wäre dann wirklich ganz große Kunst, das so zu zeigen, ansonsten stünden da einfach nur zwei Männer sich gegenüber, und keiner wüsste, was das eigentlich darstellen soll.«

»Und wie ist der Western dann ausgegangen?«

»Ganz banal. Nach einer ganzen Weile klingelt sein Telefon aus der Hemdtasche und erlöst ihn aus seinem Anfall von Barmherzigkeit. Er sagt etwas wie: ›Tja, ich muss dann mal wieder‹, steigt in seinen Rover und fährt davon. Wir haben uns danach nicht mehr unterhalten. Ich habe den ganzen Zaun fertiggestrichen, silbergrau, es war mein bisher größtes Werk.«

Drinnen ist es nicht weniger kompliziert. Ein Büro, in dem an einem Schreibtisch Entscheidungen über das Wohl oder Wehe von Mitarbeitern mit wenigen Federstrichen gefällt werden. Die gleiche Person sieht sich, nur zehn Meter entfernt, im Badezimmer, unvermittelt mit völlig anderen Entscheidungsqualitäten konfrontiert: Hat das Stück Seife heute nun auf dem linken oder auf dem rechten Waschbeckenrand zu liegen? Finden Sie das Beispiel übertrieben?

Der Wechsel der Umstände ist ein Wechsel der Welten. Aus dem Klosett, wo es um die banale Seifenstück-Entscheidung geht, wieder überzuwechseln in die Bürowelt, wo auf Taten ganz andere, viel komplexere Auswirkungen folgen, ist eigentlich eine ziemlich schwierige Angelegenheit – wir bemerken das an der Vielzahl unserer eigenen kleinen oder größeren Angewohnheiten, die wir möglichst privat halten und durchaus nicht gern Neurosen nennen lassen würden.

Ein Wechsel von Draußen nach Drinnen ist längst nicht nur der Weg zwischen zwei Räumen. Dass wir das »Drinnen« mit »Oben« gleichsetzen möchten und für das »Draußen« gern »Unten« annehmen, scheint eine gesunde Verteidigungsstrategie zu sein. Der Ganove sieht das anders. »Den haben sie hochgezogen« bedeutet, der ist verhaftet worden, und es impliziert ein unerwünschtes Oben auf ein unerwünschtes Drin.

»Bei mir ging es ganz schnell: Ich habe nur einfach nicht mehr ›Bitte‹ gesagt, und schon fuhr der Zug abwärts. Die Frau vom Arbeitsamt hatte mir wieder einmal ihren Lieblingssatz vorgebetet. Die Leute würden immer nur ganz selbstverständlich ihr Geld haben wollen, hat sie gesagt, und dann würde sie immer fragen: ›Ach nun sagen Sie mir doch einmal: Was würden Sie eigentlich jetzt machen, wenn Sie Ihr ALG II nicht mehr bekommen würden?‹

Da ist mir der Kragen geplatzt bei so viel rotzfrecher Einforderung von Dankbarkeit, und ich habe geantwortet, na passen Sie mal auf, was ich dann machen würde, und habe ihr meine Tasche vor die Nase gestellt und bin raus. Rums, die war zu.

In der Tasche war alles drin, Ausweis, Versicherungskarte, Telefon, Rechner, Portemonnaie. Und dann habe ich eben um nichts mehr gebeten. Keine Anträge mehr gestellt, keine Bettelbewerbungen mehr, nichts mehr von wegen: Hast Du mal dies und hast Du mal jenes, kann ich bei Dir übernachten? Eben keinerlei Forderungen mehr, nichts mehr von irgendwem verlangt, gar nichts. Klar war da eine Idee dahinter, darauf kam ich dann so nach und nach. Dass es eben nicht schon immer so gewesen sein kann, dass einer beim anderen bettelt, denn dann muss ja unser aller geliebter Schöpfer wohl der größte Bettler gewesen sein.

Jedenfalls habe ich nur noch das Allernötigste angenommen, das wurde bald zu einer Art Sport, mal sehen, mit wie wenig man auskommen kann. Nach einer Weile ohne Essen wirst Du auf einmal nicht mehr dünner. Über das, was Dir ein paar Wochen zuvor noch wichtig war, kannst Du nur noch staunen. Es war dann für mich nicht mehr nur Sport, es wurde Leistungssport, immer weniger zu mir nehmen, immer länger wach bleiben.

Ich bin viel gelaufen, zig Kilometer am Tag, schließlich auch ganze Nächte durch. Die ganze Welt rund um Dich herum verschwimmt nach und nach, alles wirkt unecht, wie ein Film, mit scheußlichen Kulissen und furchtbar schlechten Schauspielern. Kein sehr intelligentes Drehbuch, dieser Film, das kann ich Dir sagen. Und dann kamen so Momente, da wurde mir klar, das ist alles alt, nur noch widerlich alt, das hat mit Dir alles nichts mehr zu tun, da bist Du längst drüber weg. Auch das Reden der Leute: Wie unverständliches Entengeschnatter aus einem Comic. Ich dachte, wenn ich jetzt nur noch ein kleines bisschen durchhalte, dann hört das auf, und es kommt etwas ganz Neues, dann laufe ich in etwas Neues hinein.

Ich habe Angst gehabt, irgendwo einzuschlafen, saß im Halbschlaf in Bushaltestellen herum, wenn ich mich schwach fühlte, aber meistens fühlte ich mich eher recht gut, und ich blieb in Bewegung. Wie gesagt, alles alter Film.

Doch immer, wenn ich glaubte, jetzt passiert es gleich, jetzt kommt so etwas wie eine Grenze, dann habe ich irgendetwas gemacht, was ich gar nicht wollte. Plötzlich siehst Du eine halb ausgetrunkene Bierflasche am Straßenrand stehen und trinkst sie aus. Du hast gar keinen Durst, und während Du das machst, weißt du genau, dass Du es nicht willst, und dass es genau die Sache ist, die Dich wieder dahin zurückbringt, wo Du zu glauben anfängst, dass es doch echt und wirklich ist. Auf einmal langst Du in einen Papierkorb, weißt gar nicht, warum. Und frisst ein Stück weggeworfene Bulette, obwohl Du garantiert nichts weniger willst, als eine Bulette fressen.

Irgendwer macht das mit Dir, jemand, der Dein Vorwärtskommen verhindern will, dachte ich, es war erniedrigend, eine Fremdsteuerung. Ja, und irgendwann, da habe ich dann gesehen, was das ist. Das kann ich niemandem erzählen, was das ist, aber es ist real, es existiert mindestens so, wie Du und ich, und es ist viel, viel schlimmer, und es gibt viel mehr davon, als das, was man davon zu hören oder zu lesen bekommt. Es hat auch nichts genützt, dass ich dann wieder zu essen und zu trinken angefangen habe und versucht habe, einen Platz für regelmäßigen Schlaf zu finden, wenn Du einmal weißt, dass es das gibt, und was es mit uns allen macht, dann kannst Du Dich vielleicht noch betäuben, aber vergessen kannst Du es nie mehr.«

Vier Stimmen sagen mehr als zwei

Draußen ist es nicht ganz so laut

»In der ersten Zeit habe ich den ganzen Mist wirklich geglaubt. Dass, weil die Welt schlecht war, das, was nicht von dieser Welt kam, unbedingt gut sein müsse. Das böse Bekannte beweist den guten Fremden. Ist das Sichtbare nicht auszuhalten, muss folglich der liebe Gott ein guter Mann sein. Nein, ich habe nie Drogen genommen oder getrunken. Auch die Medikamente, die sie mir geben wollten, habe ich immer gleich weggeschmissen. Dreck zu Dreck.«

Für die Sache mit dem Stimmenhören hat Peter S. eine einfache, von einer wegwerfenden Handbewegung begleitete Erklärung.

»Immer, wenn Du aufhörst, Dir Mühe zu geben, belehren sie Dich«, sagt er.

»Ich verstehe, was Du meinst. Aber wer sind ›sie‹?«

»Na, die Stimmen.«

»Und haben sie auch Gestalten? Einen Ort?«

»Das wissen die doch schon längst selbst nicht mehr, wer oder was die sind! Das kannst Du Dir immer wieder neu aussuchen, genau das ist ja das Blöde! Deswegen quatschen sie Dich ja auch pausenlos zu, damit Du sie Dir irgendwie vorstellst. Ihnen möglichst noch Namen gibst, ihnen ein UFO rund um sie herum glaubst, oder möglichst noch die Herrlichkeit Gottes.

Keine Ahnung, was das ist. Auf jeden Fall ist es etwas, das will, dass Du Dich bemühst. Das will die Energie fressen, die von Deinen Taten kommt. Ist egal dabei, was Du machst, Hauptsache, Du strengst Dich ordentlich an. Wer schwitzt, den finden sie richtig gut. Hörst Du auf zu arbeiten, werden sie sauer und sülzen Dich mit ihren Belehrungen zu, bis Du wütend wirst und wieder was machst.

Es gibt eine Menge Leute, die so aus ihren Wohnungen vertrieben werden oder die beim Onkel Doktor um ein paar Depotspritzen mit Dämpfungsmitteln betteln gehen. Was sollst Du auch noch in Deinem Zimmer, wenn die Stimmen darin Dir pausenlos die Decke auf den Kopf schmeißen?!«

»Die sind immer so, wie man sie sich vorstellt?«

»Genau!«

»Und wenn man sie sich als etwas vorstellen würde, das einem nützt?«

»Sowas wie Schutzgeister oder Engel oder helfende Götter? Haha, meinst Du, das hätte ich nicht versucht? Die werden Dir was beibringen, über die Geister und über die lieben Engelchen, das willst Du ganz bestimmt nicht wissen, das versichere ich Dir aber! Das geht ganz schnell! Das will Dir nicht helfen, das will Dich beherrschen und Dir dabei das Leben aus den Knochen saugen, das ist alles, was das will!«

»Aber Du hast für Dich etwas gefunden, was dagegen hilft.«

»Ja. Möglichst kein Dach über dem Kopf, auch nachts nicht. Nicht auf deren ›Gesprächsangebote‹ einlassen, auf keinen Fall. Immer wieder dasselbe denken: ›Dieses Gespräch ist beendet! Dieses Gespräch ist beendet! Be-en-det!‹«

»Etwas wie ein Mantra.«

»Genau! Wenn Du immer dasselbe wiederholst, hältst Du sie fern. Du würdest ja auch abhauen, wenn Dir einer sowieso bloß immer wieder denselben Quatsch erzählt.«

»Du sagst immer ›sie‹. Wie viele sind es?«

Er hat das Geschwätz inzwischen auf vier Hauptakteure eingrenzen können, nennt das ein verdammtes Kreuzverhör.

»Kreuz, verstehst Du? Die vom Kreuz, wahrscheinlich die Auferstandenen, die nun aus ihrer Ewigkeit aus Langeweile andere umbringen!«

»Genau vier sind es?«

»Ja. Einer klingt wie ein junger Mann, der Typ ist besonders schlimm, tut so, als wäre er Jesus und der Teufel zugleich, mit seinem ständigen ›Siehst Du, ich hab's Dir ja gesagt!‹. Eine ältere Frau, die macht einen auf frustrierte Mutter mit bitteren Erfahrungen. Dann eine jüngere Frau, sowas wie eine Muse oder sowas, immer unangenehm fröhlich, die kannst Du beleidigen und verfluchen, das interessiert sie gar nicht. Und dann noch ein alter Mann. Der ist ein altes Schwein, mit ordinären Witzen und ekelhaften Vergleichen kann er am besten. Das, was der an Sauereien draufhat, das ist mindestens tausend Jahre alt.«

»Hast Du das einmal irgendwann einem ...«

»... Arzt erzählt, meinst Du? Ja, das ist aber lange her. Man müsse so etwas ›als Teil meines Innenlebens‹ akzeptieren, als ›Aspekte des Selbst‹. Schönen Dank! So etwas will ich nicht in mir haben, und außen erst recht nicht.«

»Also vier gegen einen.«

»So langsam habe ich das Gefühl von fünf gegen einen, Mann!«

»Der Fünfte bin ich?«

»Bist Du's?«

»Nein. Bestimmt nicht. Aber Du hast recht, wir sollten mal Pause machen.«

Und dann sitzen wir lange schweigend nebeneinander und rauchen, und ich stelle mir vor, wie Peter währenddessen hinter seiner Hirnschale sein Mantra denkt: »Dieses Gespräch ist beendet! Dieses Gespräch ...«.

Für Hansmartin K. sind die Gespräche nicht beendet. Jedenfalls nicht die mit seinen inneren Stimmen. Er hat sich innerhalb von drei Jahren über siebenhundertfünfzig Mal beworben, verbissen, viel häufiger, als seine »Eingliederungsvereinbarung« mit dem Jobcenter ihm dies auferlegt. Drei Jahre lang Briefe, Lebensläufe, Motivationsbegründungen. Keine Zusage, nicht einmal ein einziges Vorstellungsgespräch, fast nie überhaupt irgendeine Reaktion. Irgendwann wechselt seine Arbeitsberaterin, und die neue Sachbearbeiterin, bei der er sich im Jobcenter zu melden hat, sagt während der Aktualisierung seiner Daten so ganz nebenher: »Na ja, das nehmen wir mal raus hier, das braucht ja nicht unbedingt jeder zu wissen, nicht wahr?«

»Was nehmen wir mal raus hier«, fragt er, »Was braucht nicht jeder zu wissen?« Er steht auf und schaut auf den Computermonitor. Und da liest er statt »Drei Jahre Haft beim Ministerium für Staatssicherheit« nun »Drei Jahre Arbeit beim Ministerium für Staatssicherheit«.

»Na, da ist ja die Drei wohl meine Unglückszahl!«, versucht er noch zu scherzen, aber dann bekommt er einen Weinkrampf und fängt an, die Frau anzubrüllen, die holt ratlos ein paar Männer von der Haussicherheit, von denen will er sich nicht anfassen lassen ...

Seinen Pass, »Eigentum der Bundesrepublik Deutschland«, schickt er per Post an das Jobcenter, er kümmert sich nicht mehr um den Inhalt seines Briefkastens, reagiert nicht mehr auf Vorladungen, Aufforderungen, letzte Mahnungen – es dauert nicht ganz ein Vierteljahr, bis er seine Wohnung verliert. Rechtsbeistand sucht er nicht mehr, sein Telefon schenkt er einer bettelnden Zigeunerin. Wenn einstige Freunde ihn treffen, wendet er sich ab und sagt: »Sie müssen sich irren. Das muss eine Verwechslung sein.«

Eine Zeitlang verkriecht er sich in seinem eigenen ehemaligen Keller, ernährt sich aus den Mülltonnen in den Höfen, dann erwischen sie ihn in seinem Loch, bringen ihn abgemagert und verstört ins Krankenhaus. Dort verschwindet er bei der ersten sich bietenden Gelegenheit.

Jetzt zieht er über die Dachböden, sitzt auf Parkbänken am Flussufer herum; wenn es kälter wird, fährt er S-Bahn oder hält sich im Studentencafé der Universität auf. Zurück mag er nicht mehr, er ist inzwischen zur Überzeugung gelangt, dass es sich nicht nur um einen Irrtum gehandelt hat. Dass eine Art Fluch auf ihm lastet, ein Urteil.

Die Stimmen, die er hört, bestätigen ihn in ihrer zynischen Gemeinheit in dieser Ansicht. Auch das, was die Menschen in seiner Nähe reden. Er bezieht das meiste auf sich, die reden alle von ihm und über ihn, oft stopft er sich deswegen Kaugummi in die Ohren. Er liest alte Zeitungen, aber auch in denen stehen Sachen über ihn, auch die Schrift maßt sich an, ihn zu beurteilen, zu mahnen, ihm unausführbare Ratschläge und Befehle zu erteilen. Das Schlimmste, was er sich vorstellen kann, ist, dass ihn die Ärzte erwischen, ihn mit Medikamenten vollpumpen, ihn zur Marionette machen. In seinem Gehirn tobt ein pausenloser Krieg.

»Aber wartet nur, es ist nicht immer nur einer dran, mit Gott sein! Irgendwann bin ich auch mal an der Reihe, und dann seid Ihr alle dran! Du auch, mit Deiner ehrlichen Fresse! Was könnt Ihr alle denn noch anderes tun, als um mein Unglück beten?! Ihr wisst längst, was Euch allen bevorsteht, wenn ich nur eine winzige Chance bekomme!«

Wenn ich doch im Reich wär

Draußen ist ein falsches Land

Bestimmte Leute meinen, man könne durch das Draußen spazieren wie durch ein Kuriositätenkabinett auf einem alten Rummelplatz. Langsam und beschaulich, ein Stäbchen Zuckerwatte in der Hand. Den buckligen Zwerg bestaunen und die fette Alte mit den drei Brüsten, den Mann mit den vierhundertachtunddreißig Tätowierungen, die siamesischen Zwillinge, während sie sich streiten, das Kalb mit den zwei Köpfen und Gustav, den Telefonbuchzerfetzer.

Vielleicht kann man das. Doch wenn man hinten wieder rauskommt, dann sieht auch in der »normalen« Welt alles ganz anders aus – und das bleibt auch so.

Sven B., vierundvierzig Jahre alt, früher angeblich Rechtsanwalt, sieht nicht einladend aus. Zu all dem Dreck in seinem Gesicht, unter seinen Fingernägeln, auf der verwahrlosten Kleidung, kommen eine pfiffige Miene, die sofort misstrauisch stimmt, und beunruhigende fahrige, hektische Bewegungen.

Aber Sven B. hat auch etwas Sauberes vorzuweisen. Einen nagelneu aussehenden deutschen Reisepass. Allerdings ist dieser hübsche Pass marineblau. Über und unter dem geprägten, goldschimmernden Adler kann man in alten Frakturbuchstaben »Reisepass – Deutsches Reich« lesen.

Sven B. ist kein Bundesbürger, er ist Bürger des Deutschen Reiches. Sein Pass wurde ihm von der Reichsexilregierung ausgestellt. Die residiert in Deutschland und anerkennt eine sogenannte Bundesrepublik nicht. Wozu auch? Der gnadenlose Schwindel ist schließlich längst entlarvt.

Sven B. redet eine lange Stunde lang. Er zitiert mit Schwung Gesetzesparagrafen, beweist die völlige Illegitimität einer sogenannten Bundesrepublik auf reichsdeutschem Boden, zieht endlich einen Stoß amtlich aussehender Papiere aus seiner alten Arbeiteraktentasche mit dem verblichenen DDR-Lederschildchen an der Seitennaht.

»Hier! Selbst die Gerichte mussten unserer Argumentation inzwischen zustimmen!«

»Unserer« ist in diesem Zusammenhang wohl nicht ganz richtig, selbst bei seinen – nicht sehr zahlreichen – Reichsbürgerkumpels ist Sven B. nämlich inzwischen wegen seiner zornsprühenden Theorien gefeuert worden. Und das, obwohl er, Sven B. – »da hat Rollstuhl-Wolle gerade noch mal Glück gehabt« –, bereits stellvertretender Finanzminister gewesen ist.

Seitdem lebt er auf den Straßen des Deutschen Reiches. Vorher hatte er eine Zeitlang Hartz IV bezogen, doch als seine »Fallmanagerin« von ihm Kontoauszüge verlangte, um zu überprüfen, ob er möglicherweise irgendwo etwas dazuverdienen würde, und er, der natürlich etwas dazuverdiente, ein paar Kontoauszüge nicht sehr geschickt fälschte, und als das aufflog, gab er auf.

Er hat in Copyshops und Internetcafés herumgesessen, sich mit den brutalen Missständen in diesem Land in Diskussionsforen immer mehr Klarheit verschafft, und endlich holte man ihn auf einer Website heim ins Reich. Dort hat er, Sven B. ist natürlich nur sein Reichsname, mit seinem neuen Pass als neuem Identitätsnachweis abermals Sozialunterstützung beantragt. Die verweigerte man ihm, er legte Widerspruch ein, kämpfte, klagte schließlich.

In der Verhandlung saßen ein paar äußerst amüsierte Anwälte, von denen einer – vielleicht aus Langeweile oder wegen ein bisschen Adrenalin – den stellvertretenden Finanzminister des Deutschen Reiches, Sven B., mit seinem marineblauen Pass wegen Amtsanmaßung anzeigte.

Reichsbürger B., indessen Bewohner von Reichsdachböden und verschiedenen, düsteren Reichsecken, kämpfte wieder. Die vom Kneipenwirt herbeigerufenen – natürlich ungültigen – Bundespolizisten beließen es schmunzelnd bei einer Belehrung über verbotene Volksverhetzung. Am Ende seiner Vernehmung händigten sie Sven B. auch sein Reichsreisedokument wieder aus.

»Volksverhetzung! Als ob jeder Antisemit gleich immer ein Nazi sein müsse! Aber der Reviervorsteher, der hat mich verstanden, hat der mich. Gezwinkert hat der Bulle, und geflüstert, er wisse selbst, dass bald alles wieder anders kommt, und wohl dem, der dann den richtigen Ausweis hätte!«

Mit nachlässigem Triumph schiebt Sven B. ein zweites Gerichtsurteil über den Tisch. »Und von wegen Amtsanmaßung! Gewonnen habe ich! Hier! Mit Stempel, Siegel und Unterschriften!«

Tatsächlich wird Sven B. vom Vorwurf der Amtsanmaßung – mit gutgelaunter Urteilsbegründung – freigesprochen.

Man kann sich über die spitzfindige Sache mit der erfundenen Bundesrepublik, die denselben Ort einnimmt wie das legitime Deutsche Reich, auf Dutzenden von Seiten stundenlang im Internet informieren. Wer es nur eine Stunde lang tut, ohne ein einziges Mal zu grinsen, bekommt fünfzig Reichsmark Belohnung. Aber ehrlich bleiben!

»Wer ist eigentlich Rollstuhl-Wolle?«

»Wie? Ach so, na der Schäuble doch, der die illegalen Zahlungsmittel dieses nicht rechtsfähigen Konstrukts auf deutschem Boden so ungerecht verteilt!«

Rolf im Schafspelz

Draußen ist man für den Frieden

Rolf-Dieter K. war ein guter Schüler. Abitur, Maschinenbaustudium. Dann kam der nette Herr, der ihn fragte, ob er denn nicht auch für den Frieden sei und ob ihm nicht daran gelegen wäre, für diesen Frieden etwas mehr zu tun.

»Vertrauen gegen Vertrauen«, sei das Motto. »Und, Genosse, wir können Ihnen natürlich nie einen Orden umhängen, aber wir werden Sie achten und ehren. Und bleiben Sie ruhig Christ, das ist gar nicht so schlecht für uns.

Selbstverständlich sind wir über Ihre gleichgeschlechtlichen Neigungen informiert, das ist überhaupt kein Problem. Sie kennen ja sicher das Gerücht, dass Marx auch einige homoerotische Erlebnisse gehabt haben soll? Überhaupt – ändern Sie niemals Ihre Gewohnheiten.«

Irgendwann hat sich Rolf mit seinem »Führungsoffizier« gestritten und vor Wut spontan einen Ausreiseantrag gestellt. Er hätte nie gedacht, dass er damit überhaupt ernst genommen werden würde. Nur sechs Wochen später jedoch stand er auf einmal mit einem Koffer im Westteil des U-Bahnhofes Friedrichstraße. Rolf-Dieter K. lacht.

»Eine Entpflichtung von meiner Mitarbeit hatte es nicht gegeben, genau genommen weiß ich nicht, ob ich vielleicht noch heute bei der Stasi bin, na, Schwamm drüber.«

Als sie ihn in den Westen ließen, war an den Fall der Mauer noch nicht zu denken. Aufnahmelager, Befragung durch die alliierten Geheimdienste, alles kein Problem, damals. Für eine erfundene Haftzeit, die er politisch zu begründen wusste, sprach man ihm am Ende eines unkomplizierten Verfahrens eine lebenslange Entschädigung zu, die sogenannte Honecker-Rente.

»Mit den erfundenen zwei Jahren im Gefängnis Waldheim habe ich ordentlich Glück gehabt, na ja, und zwei Zeugen, das waren goldene Jahre, damals, das kann ich Dir aber flüstern.«

Nach der Wiedervereinigung begannen durch die nun zugänglich gewordenen Stasi-Akten die Rechtmäßigkeits-Überprüfungen. Es stellte sich heraus, dass Rolf-Dieter K. unter dem Decknamen »Tassilo« acht Jahre lang als »IM«, als inoffizieller Mitarbeiter der DDR-Staatssicherheit, gespitzelt hatte. Mehrere Verhaftungen, besonders von homosexuell orientierten Oppositionellen aus Berliner evangelischen Kirchenkreisen, waren auf sein Konto gegangen, Mengen von handgeschriebenen Berichten, die man ihm vorlegte, machten die Sache zweifellos.

Nun forderte man die inzwischen ausgezahlten Vergünstigungsbeträge zurück, dazu die nicht geringe Entschädigungssumme, die er bereits bei seiner Ausreise erhalten hatte. Rolf-Dieter K. klagte gegen die entsprechenden Gerichtsbeschlüsse, erklärte seine eigenen Unterschriften auf den ihm vorgelegten Zahlungsquittungen der Stasi zu Fälschungen, die Stapel von Spitzelberichten zu Missverständnissen und Verwechslungen. Er forderte Zeugen und Gegenüberstellungen, und tatsächlich sagte sein ehemaliger »Führungsoffizier« aus, er habe diesen Jochen B. niemals zuvor gesehen.

Das half jedoch nicht mehr viel, Rolf-Dieter hatte nun Schulden, für deren Begleichung er selbst bei geregelter und einigermaßen gut bezahlter Arbeit viele Jahre brauchen würde. Geregelte Arbeit bot man ihm an, gut bezahlt wurde sie nicht – Wachschutz in öffentlichen Verkehrsmitteln. Dort sah er auch einige ehemalige »Kollegen« wieder, gemeinsam dachten sie mit trockener Selbstironie an die vergangenen Zeiten.

Rolf-Dieter K. hat dann irgendwann aufgegeben, jetzt hat er keine Wohnung und auch keine Papiere mehr.

»Das alte Leben, so vollständig es nur geht, hinter sich lassen«, nennt er das. »Die Konsequenz, dem Kapitalismus nicht länger seinen Namen zu geben.«

Nein, er habe glücklicherweise keinen von denen, die er damals angezeigt hatte, wiedergetroffen, fügt aber freimütig hinzu: Die da wegen ihm damals in den Knast gewandert seien, von denen hätte es jeder redlich verdient. Sie sollten eigentlich froh sein, denn letztlich habe er denen ja nun eine fette Opferrente verschafft und lebenslange Vergünstigungen, von denen der normale Bürger, besonders der ehemalige DDR-Bürger, ja wohl nur träumen könne.

Rolf-Dieter meint von sich, er sei immer schon ein politischer Mensch gewesen, doch politisches Bewusstsein wäre damals eigentlich nicht sein Motiv für den Vertrag mit dem MfS gewesen, so weit wäre er da noch nicht gewesen. Eher war es zunächst Langeweile. Plötzlich hatte er in all dem unerträglichen Alltagstrott etwas wie ein Geheimnis, es war etwas wie eine Beförderung auf eine andere Ebene des Menschseins gewesen, bewusstseinsbildend.

»Als ich dann nach und nach mitbekommen habe, wie viele Leute ganz in meiner Nähe genau dasselbe Geheimnis hatten, wurde es allerdings wieder etwas langweiliger. Na, Schwamm drüber, aber wie brutal das auch klingen mag: Ich würde es genauso wieder machen. Warten wir's ab, es kommen auch wieder andere Zeiten, und dann hängen mal ganz schnell ein paar andere Leute an der Laterne als ich.«

Rolf-Dieter K. weiß empörende Tatsachen zu berichten: Dass nicht einmal ein Prozent aller Menschen sich über neunzig Prozent des weltweiten Geldvermögens teilen. Mit Aufmerksamkeit studiert er die politische Großwetterlage in Zeitungen und im Internetcafé.

»Vernünftige, dialektische Gespräche mit anderen, Gleichgesinnten, feste, geistige Nahrung, nicht den gehaltlosen Pudding der Merkel-Ära, das ist, was ich brauche! Nein, mein Lieber, mit mir geht's erst wieder aufwärts, wenn es auch politisch wieder aufwärts geht, ein bisschen was ist man den Genossen ja schließlich doch schuldig, wenn Du verstehst, was ich meine.«

Er geht auch gern auf Antifa-Demos, da gibt's wenigstens noch Adrenalin, na, und politisch engagierte junge Burschen gibt's auch. Von denen und seinen Erlebnissen mit ihnen berichtet Rolf-Dieter K. gern lautstark, sehr ausführlich und nicht sehr appetitlich – na, Schwamm drüber.

Zeitziehing-Tour

Draußen zählt man selten seine Jahre

Ein wohlsituierter Herr hat mir aufatmend erzählt, dass er sich nun endlich sein Grab bestellt habe. Er hatte lange gesucht. Unter lauschigen Bäumen, neben einem kleinen Ort im Gebirge, wo klare Luft und hoher Himmel sind, dort wird er liegen. Die Grabmiete und -pflege sind für vierzig Jahre im Voraus bezahlt. Er sieht wirklich beruhigt aus, als er davon berichtet, selig geradezu.

Nach dem Leben komme nun einmal der Tod. Auf diese unumstößliche Gewissheit lebe man schließlich sein ganzes Leben lang hin. Ein guter Bundesbürger sorge für seine problemlose Entsorgung.

Gern erzählt der graubärtige Herr die Geschichte vom armen Mann, der nach dem Tod zu Gott, dem Herrn, vorgelassen wird und sich bei diesem bitter enttäuscht darüber beklagt, dass er nun auch hier im Reich Gottes weder eine Wohnung noch saubere Kleider noch genug zu essen bekommt. Worauf der Herr unwirsch erwidert: »Was willst Du eigentlich? Es ging Dir doch besser als vielen, vielen anderen. Schließlich hast Du Dein ganzes Leben lang von der Hoffnung gelebt.«

Keiner von denen, die ich im Draußen treffe, wäre auf die Idee gekommen, für einen Platz zum Sterben und Totsein vorzusorgen, auf seinen Sarg zu sparen. Die fragten nicht einmal, wo der nächste Elefantenfriedhof sein könnte. Muss man sich am Ende wirklich auch noch um ihre Leichen kümmern? Nennt man das Hoffnung?

Was den Tod draußen angeht: Freundlichen Zynismus, anrührende Hilflosigkeit trifft man oft – gemeine Verdrängung nirgendwo. Mir jedenfalls ist brutale Ignoranz von Sterben und Tod auf der Straße nie begegnet. Über Jahre nicht. War ich ein Glücklicher?

Charlotte von Stein hatte einst testamentarisch bestimmt, dass ihr Beerdigungszug nicht den damals üblichen Weimarer Weg zu nehmen habe – dann wäre er unter Goethes Fenstern vorbeigekommen und hätte dem Meister womöglich unangenehme Bilder beschert. Ihn gar am Arbeiten gehindert.

Ach, Sie immer trotzdem noch, mit Ihrem: »Na, und wie fühlt es sich denn nun aber an, das Leben auf der Straße?«

Wie es sich anfühlt, das können Sie vielleicht ansatzweise genau hier beim Lesen nachvollziehen. Jede Erinnerung an die beschriebenen Begegnungen und meine Auseinandersetzung damit, erforderte einen anderen Geisteszustand. Dies flüssig und mit einer Art »durchgängigem Stil« zu schreiben, ist nicht leicht. Jede Begegnung im Draußen, Sie werden sicher bemerken, wie es verschiedentlich holpert und ruckelt. Und nun denken Sie sich dieses Stocken und Wechselbaden ins Vielfache hochpotenziert – etwa so verändert sich mein Empfinden bei jeder – durchaus nicht immer erwünschten – Begegnung, die ich im Draußen habe. Dabei dennoch derjenige zu bleiben, der man selbst gern wäre, sich wenigstens immer wieder an ihn zu erinnern, das ist die zu erbringende Leistung. Vergessen Sie das, dann fühlt sich das Leben gar nicht mehr an. Und wenn es erst so weit gekommen ist – welchen Grund gäbe es noch, irgendetwas verändern zu wollen?

Eine sehr nette, kultivierte Dame, der ich viel Kaffee verdanke, meinte kürzlich, als ich im Straßengarten eines Kaffeehauses in Berlin-Mitte einen mir recht bekannten Bettler aus gutem Grunde grob anfuhr, er solle doch endlich das Maul halten und weitergehen.

»Ich weiß ja, dass das kein Hochmut ist, aber dieses Unterscheidungsvermögen muss man erst einmal haben! Mir hat man als Kind beigebracht, dass jeder der verkleidete Jesus sein könnte.«

»Bei dem inzwischen stündlich mindestens fünfmal verkleideten Jesus muss man vielleicht Erfahrung der Erziehung vorziehen«, versuchte ich, »sonst kostet die Tasse Kaffee bald insgesamt einen Zwanziger.« Aber so recht wohl ging es mir denn doch nicht bei meinen weisen Worten.

Erst neulich schickte mir diese Dame eine Postkarte. Echte handgeschriebene Postkarten sind in dieser Zeit eine kleine Sensation. Glückwünsche zur Wohnung standen auf der Rückseite. Vorn zu sehen: Eine Art Kirchenraum, in der einsam ein schüchterner, kleiner Mann kniet und, ordentlich gekämmt, mit artig gefalteten Händen betet. Der Mann war Adolf Hitler. Irgendein zeitgenössisches Kunstwerk. Ich grübelte stundenlang. Sollte es wirklich so sein, dass ich nach all der Zeit im Draußen die zeitgenössische Kunst immer noch nicht verstehe?

Worte, Worte noch ein Weilchen

Draußen fehlt irgendwie das Drehbuch

»Dass ein Gesetz, welches auch immer, dazu da sein soll, mich am Ende umzubringen, bleibt mir unvorstellbar«, erzählt Ingo. »Die Frau vom Arbeitsamt hat immer wieder gesagt: ›Ja, da kann ich nichts für Sie tun, das hat der Gesetzgeber so vorgeschrieben.‹ Ich meine, wer gibt denn Gesetze heraus, die andere umbringen? Ich mach das doch auch nicht.

Soll ich mich mit einem Schild um den Hals hinstellen, auf dem steht: Alle, die nicht genau das machen, was ich will, gehören gequält und danach auch noch aufgehängt!? Klar, genau das würde ich manchmal liebend gern tun, und vielleicht würde das ja in einer Million Jahren auch mal wirklich zum Gesetz werden, aber ich tu's eben nicht! Ich tu's nicht!

Ist Dir das zu einfach? Ist Dir das zu wenig Wirtschaftswissenschaft? Ist sie das, die Dummheit, die bestraft werden muss? ›Dann noch viel Spaß mit Ihrem Gesetzgeber‹, habe ich irgendwann gesagt, ›und wenn ich Euch beide auf der Straße treffe, pfeife ich Euch hinterher und rufe: Ein schönes Paar!‹ Jedenfalls, die nächsten Liebesbriefe, die ich dann von der bekommen habe, die hab ich gar nicht erst mehr aufgemacht. Und wie Du Dir denken kannst – das geht dann noch eine Weile, dann räumen sie Dir die Bude aus. War mir alles recht.

Ja, es war am Anfang schwer, mit nichts als mit sich selbst. Aber ich habe mich lieber daran gewöhnt, als an dieses seltsame Gesetz, wo ein Termin auf einem Zettel wichtiger sein soll, als ein Gefühl in der Brust, und wo man dann auch noch dafür sterben soll, dass man in Papier erstickt. Ich weiß, das klingt für Dich nicht überzeugend jetzt, doch mir geht es besser als Dir, viel besser, und ich möchte nicht mit einem von Euch noch mal tauschen müssen.

Also, ein Stück unter der Dachbodenplattform, wo ich meinen Schlafsack habe, gibt es ein kleines Flurfenster. Da oben ist es stickig, also mache ich das Fenster immer ein kleines Stück auf, nur so weit, dass man es im Hof von unten nicht sieht und niemand hochkommt, zum Nachgucken.

In einer Nacht war da eine Fliege, so ein fetter, schwarzer Brummer, die wollte wieder raus und knallte immer wieder an die Scheibe. Ich konnte im Liegen den schwarzen Punkt sehen, wie er manchmal weiter von der Fensteröffnung entfernt war und manchmal dem Schlitz in die Freiheit ganz nahe kam. Viele Male fehlte höchstens noch ein Zentimeter für die Fliege, und sie wäre wieder frei gewesen. Sie war jedoch zu blöd, verbrauchte mit ihrem Brummen und Fliegen und knallen gegen das Fensterglas und mit ihrer Aufregung Unmengen an Energie. Eine Weile fand ich das spannend, dann hat es mich genervt, und irgendwann schlief ich ein. Am nächsten Morgen lag das Ding, Beine nach oben, auf dem Fensterbrett. Herzinfarkt oder sowas.

Ich dachte mir, dass es mit den Menschen vielleicht ganz genauso ist: Man befindet sich in einer äußerst unangenehmen Situation und möchte sich gern befreien. Vielleicht ist man schon sehr oft nur diesen einen einzigen Zentimeter neben der weit offen stehenden Tür in die Freiheit gewesen. Und wenn man nur ein paar Augenblicke mit seiner Wut und in seinem Aufgeregtsein nachgelassen und stattdessen aufmerksam um sich geschaut hätte, wäre man auch schon längst wieder da, wo es einem besser geht.

Man ist in einer völlig verzweifelten Situation, und der Ausweg ist direkt neben einem. Immer wahnsinniger und wütender wird man, und der Ausweg bleibt trotzdem ganz nahe. Ich bin ganz sicher, das gilt für fast alle hoffnungslos scheinenden Situationen. Aber irgendwann hat man sich erschöpft und klatscht aufs Fensterbrett. Am nächsten Tag sieht Dich wer, und alles, was er sagen kann, ist: ›Na, guck an, wieder so ein Idiot.‹ Und er fegt Dich weg. Das war's dann.«

»Weshalb bist Du denn nicht einfach irgendwann aufgestanden, bist die zehn Stufen hinuntergegangen und hast die Fliege hinausgescheucht? Das hätte Dir das entnervende Brummen und auch das Nachgrübeln erspart.«

»Ja, darüber habe ich später auch nachgedacht. Vielleicht, weil ich mich gefreut habe, dass da jemand war, dem es noch dreckiger ging als mir? Oder weil ich einfach froh war, endlich still im Dunkeln liegen zu können? Ich weiß schon, was Du meinst. Könnte es allerdings so sein, dass da nicht bloß immer ein Ausweg ist, sondern sogar oft auch jemand in der Nähe, der uns einen Tipp geben könnte, oder der uns sogar bis hin zu dieser Türe scheucht? Ist also der liebe Gott nur zu faul, uns zu helfen, oder freut er sich daran, wie wir alle wegen unserer Ungeduld und unserer Dämlichkeit sterben?

Beim allerfettesten aller Buddhas! Was kann denn ich dafür, dass ich so bin, wie ich bin? Ich würde ja gerne anders sein, meinetwegen auch ein guter, frisch gewaschener Bundesbürger. Aber – es – geht – einfach – nicht!«

Ingos tragikomisches Gesicht zu diesem Satz, seine hilflose, ganz und gar redlich wirkende Verzweiflung, reizt zum Lachen. »Nein, nein, ich will ja Verantwortung haben! Verantwortung ist aber nicht gleich Schuld. Und dass man ohne Verantwortung jedes Gefühl fürs Dasein verliert und wie eine fremdgesteuerte Maschine, sich selbst ein sinnloses Rätsel, durchs Leben irrt, weiß ich auch selbst, das habe ich lange erlebt. Da ist es einem dann sogar egal, dass einem alles egal ist, nein, das ist es ja gerade.

Verantwortung und Schuld, das liegt so weit auseinander wie Liebe und Hass. Ach, ich weiß nicht, es kann sein, dass ich einfach riesengroßes Pech habe. Und wenn's das auch nicht ist, fällt mir nur noch ein, dass ich verflucht bin. Keine Ahnung, von wem und warum. Ist auch egal, ich gebe jedenfalls nicht auf, halte nach Chancen Ausschau, bin nett und freundlich, auch wenn's schwerfällt. Irgendwann wird sich das Blättchen schon wenden.«

Und wieder lacht Ingo anrührend, einnehmend, sympathisch. Keiner hat etwas an ihm auszusetzen, nicht einmal er selbst. Fast möchte man meinen, alles ist genau richtig so, wie es gerade ist. Er ist noch nicht lange auf der Straße, aber er ist einer von denen, von denen ich genau zu wissen glaube, das alles, was nach »Rückweg« klingt, ihnen schlimmer erscheint, als jedes andere Leid.

Die Vielzahl der Geschichten, an denen ich hautnah Anteil habe, bewirken ein Wechselbad der Emotionen. Nichts ist belegbar. Die von Draußen haben keine Lobby, es sind auch nur wenige, die überhaupt nach Zeugen für ihre oft so unglaublichen Erzählungen rufen. Das Draußen hat keine Lobby, nicht einmal Pflichtverteidiger. Und dass es ein »Ganz Draußen« gäbe, wo der Fall ganz anders liegt, das hat für so viele gefälligst eine Verschwörungstheorie zu bleiben.

Was passiert, wenn jemand innerhalb einer langen Rechnung einen Fehler gemacht hat, den er nicht zugeben will? Die Rechnung wird in ihrer Fortsetzung nach unten hin immer falscher. Möglicherweise ist der Fehler längst entdeckt worden, dann wachsen auch die Mühen, ihn immer weiter zu vernebeln, letztlich ins Unmäßige. Und was wäre die einzige Hoffnung, die jener haben könnte, der sich verrechnet – oder betrogen – hat und keinesfalls auffliegen will? Sie besteht in der wahnwitzigen Unmöglichkeit, dass irgendwann irgendwer genau diesen seinen Fehler sozusagen umgekehrt noch einmal begeht.

»Erfolgsstorys vom ›Weg nach oben‹ sind äußerst selten. Was ebenso fehlt, sind Geschichten vom ›gerechten Los Gescheiterter‹. Fast möchte man die Angelegenheit mit der Behauptung abtun, dass auf einem energetisch niedrigeren Level im Draußen präzise dasselbe abspielt wie auch überall Drin. Und können wir denn unsere Vorstellungen von ›Heimatlosigkeit‹ nicht sowieso nur über ein paar Fixpunkte materieller Gegebenheiten definieren und unsere Ideen von Geisteszuständen nur über das, was unserer Norm einigermaßen gerecht wird? Dass allzu Fremdes, wenn es uns begegnet, auch als ein Gefährliches wahrgenommen wird, verübeln wir uns gegenseitig nicht. Wir hoffen, dass, wo ›Mensch‹ draufsteht, auch Mensch drin ist, und möglichst allgemeingültige Erklärungen, was der Mensch eigentlich ist, haben wir uns bisher nur mehr schlecht als recht zusammenstümpern können.

Das seltsame Glücks- und Freiheitsgefühl von jemandem, der sich für Vor- und Nachfahren, Nationalität, Geburts- und Lebensdaten oder soziale Kooperation so wenig interessiert wie für die Gestalt der Welt, das Gefüge des Himmels oder sonst irgendetwas, das uns notwendig ist, um wenigstens einen Ansatz von innerem Zusammenhalt zu bewahren, können und wollen wir nicht nachvollziehen. Wo wir uns mit wissenschaftlicher oder religiöser Anstrengung dem Fremden entgegenmühen, erwarten wir Lohnenswertes, Freundschaft oder mindestens doch dies: Erkannt zu werden.

Eine Art Recht auf Demokratie. Aber auch wenn die Geburt der Demokratie aus der allerredlichsten Empörung kommt, wird sie doch durch die unredlichsten Emporkömmlinge wieder zum Tode verurteilt. Und man mache sich keine Hoffnung: Wie auch immer das Ende einer Demokratie aussieht – es wird nicht demokratisch sein. Erfolgsstorys sind eben, wie Gerechtigkeit, selten.«

Der vorherige Abschnitt ist übrigens nicht von mir. Er ist, ich habe ihn fast wörtlich nachgezeichnet, von Tommy, einundfünfzig Jahre alt, angeblich mehrere abgeschlossene Studien, ohne Wohnung seit dem Jahr 2000, und die »Fremden«, die er meint, sind nicht die von Draußen, sondern wir von Drinnen mit unseren Gesellschaftsverträgen.

Tommy – wie weiter? Nur Tommy. Nachnamen sind Draußen irgendwie unanständig – Tommy hat ein verwüstetes, abgehärmtes Gesicht. Sein haltloses Philosophieren ist ihm der einzige Halt, sein tägliches Vergnügen. Es zerrüttet ihn sichtlich, doch er kämpft sich damit auch den Weg frei, durch die überheblichen Bedeutsamkeiten und die rotzfreche Schminke der vielen Leute, die ihm jeden Tag begegnen.

Tommy trägt eine blaue Latzhose, erinnert an einen freundlichen, verkaterten Tankwart. Seit mehr als fünf Jahren schiebt er seinen mächtigen, von eingesammeltem Leergut klirrenden Rollkoffer vor sich her. Aufkleber großer, verheißungsvoller Städte zieren ihn – Las Vegas, Tokyo, New York – ›This town / Is a make-me-town / Is a break-me-town‹.

Wenn Tommy auf Tour ist, sieht er sehr dienstlich aus, wie ein ernster, ausgemergelter Mann von der Stadtreinigung, wie ein Arbeiterbildnis aus der Malerei des sozialistischen Realismus. Durchschnittlich verdient er sechzig Euro am Tag, an guten Tagen werden es bis zu achtzig, manchmal sogar hundert Euro, die er sich in Flaschenglas und Büchsenblech von den Straßenrändern und aus Papierkörben fischt. Tommy hat einen handgeschriebenen Monatsplan bei sich, von Veranstaltungen, die in der Stadt angesagt sind, dort sind seine Fischzüge am lukrativsten.

»Das sind im Monat ja rund tausendachthundert Euro? Allein davon könnte man sich doch eine hübsche Wohnung mieten und einigermaßen kultiviert leben. Du arbeitest seit über fünf Jahren, keine Wochenenden, kein Urlaub?«

Tommy nickt stolz. Keine Wochenenden, kein Urlaub.

Was macht Tommy mit dem ganzen Geld? Tommy spart. Worauf, sagt er nicht, aber es muss etwas Großartiges sein, denn sein schweigendes Lächeln ist verklärt und siegesgewiss.

Doppelte Zerstörung. Kranker Geist zwingt zu den niedersten und haltlosesten Spekulationen und verhindert jede nützliche Entscheidung. Stoff widersetzt sich der Verwendbarkeit und steht nur noch in immer minderer Qualität zur Verfügung. Schon der Beobachter ist in seinen Grundfesten erschüttert.

Wo die Vorstellung, Obdachlose seien eben einfach Schwächlinge, Idioten oder beides, greift, kann man das Problem ebenso wenig erfassen wie dort, wo man meint, um jeden Preis helfen zu müssen.

Das Misstrauen sehr vieler Obdachloser gegenüber staatlichen Hilfen ist viel seltener Misstrauen gegen den Helfer als »die andere Person« als Ablehnung von Strukturen. Systemisch Geordnetes wirkt schon deswegen abstoßend, weil man noch nicht einmal gegen die eigenen, schlechten Angewohnheiten ankommt. Dieselben Beschwerden gibt es aber auch in den regulierten Bereichen des Daseins. Tretmühle, Hamsterrad, Arbeitsmaschine, das sind häufig verwendete Begriffe mit einer Option auf Unüberwindlichkeit.

Um der Sache auch nur einigermaßen gerecht zu werden, müsste man eigentlich von zwei Draußen sprechen, von einem, in dem Schicksalsergebenheit und das Bewusstsein einer höheren, unabänderlichen Macht sehr viel größer sind als in den guten Stuben des Bundesbürgers. Und von einem anderen Draußen, wo der Kampf um Autonomie, Individualität und Willensfreiheit viel unerbittlicher geführt wird als hinter den Wohnungstüren, unter den Dächern.

Die Action im beschreibbaren Draußen ist brutal und langweilig. Gewalt, Lüge, Betrug und Zynismus unterscheiden sich da kaum von gegenwärtigen Mainstream-Kinofilmen, nur, dass

sich eben alles auf energetisch sehr viel niedrigerem Niveau abspielt: schlechtere Kostüme und Masken, keine Explosionen
und Autojagden.

Doch unterstellte man etwas wie Drehbücher auch für die
schäbigen Inszenierungen des Draußen, so würden sich diese
zwar als facettenärmer und plumper erweisen, die Handlungs-
plots jedoch zeigten sich als geradezu beängstigend vergleich-
bar. Das erwähnte »learning from mad men« in alten Kulturen,
es mag insofern auch etwas von der heutigen Kinogängerei gehabt haben. Um das Erkennen von und den Umgang mit Prinzi-
pien, die sowohl im Oben wie auch im Unten, im Drinnen wie
im Draußen Gültigkeit haben könnten, ging es jedenfalls alle-
mal.

Plunder gibt es immer wieder

Draußen ist ein Gefühl

»Bevor man Möglichkeiten sehen kann, durch die man sich verbessert, muss man erst mal daran glauben, dass es sowas wie ein Recht auf Verbesserung gibt«, sagt Mirko, der Lügner, in der Szene bekannt für seine vielen, unglaublichen, aber auch sehr unterhaltsamen Lebensläufe, in denen es von Prominenten und Leinwandgrößen, die ihn gemein betrogen haben, nur so wimmelt.

Mirko war einmal der Geliebte von Sandra Bullock, und eines ihrer zwölf Kinder, er verrät auf keinen Fall welches, ist von ihm. Er weiß, dass sie sich vor Sehnsucht nach ihm fast verzehrt, doch zurück nach Beverly Hills, das kommt für ihn nicht in Frage, zu kalt dort die Herzen, zu geldgierig auch die letzten Kabelhalter in den Studios.

Nein, er hat es aufgegeben, an ein Recht auf Verbesserung zu glauben, jedes Jahr zu Weihnachten schickt er Sandra Bullock ein neues Drehbuch. Ein Jahr später setzt er sich dann ganz ruhig in ein Kino und freut sich still daran, was die Amis so aus seinem Werk gemacht haben.

Mirko möchte lieber die graue Eminenz bleiben, als Rechte für sich in Anspruch zu nehmen, Rechte auf seine Drehbücher, das Recht auf Verbesserung eben, oder die angeblichen Rechte auf Liebe, Leben, Arbeit und so weiter.

»Nein, keine Rechte! Rechte haben auch immer Gesetzgeber, und ich glaub nicht an Gesetzgeber. Das ist alles Natur und fertig, die kann niemand erklären. Ich scheiß auf Eure Naturgesetze!«

Den letzten Satz hat er auch den Helden in seinem letzten Film sagen lassen, als dieser erschossen wird. Nächstes Jahr im Kino. Sandra Bullock spielt natürlich auch mit.

Ich habe überlegt, wie das Buch geschrieben sein müsse, das ich als Obdachloser gern lesen würde. Dann bin ich darauf gekommen, dass es das ja gegeben hat, ich habe es nur nicht wirklich gern gelesen, aber dafür immer wieder. »Berlin Alexanderplatz« von Alfred Döblin. Gefunden am Alexanderplatz, zerlesen, die Broschur mit vertrocknetem Ketchup beschmiert.

Alfred Döblin war Psychiater für Berliner Arme. Er erstellte keine Statistiken, diagnostizierte keinen animalischen Wandertrieb bei seinen Patienten. Die Wurzellosigkeit und spirituelle Obdachlosigkeit von Hunderten verelendeter und verrückter Leute fasste er in der Gestalt des Franz Biberkopf zusammen, einem scheinbar dumpfen Nichtskönner, der sich an einem Vorsatz festzuhalten versuchte: In böser Zeit ein guter Mensch sein zu wollen.

Egal, was er versuchte, es ging immer schief. Das grimme Schicksal war – auch für seinen Schöpfer Döblin – mächtiger als Wissenschaft und Naturgesetz, und sein wütendes Bemühen darum, vorwärtszukommen, ließ ihn erst recht in immer engeren Kreisen laufen.

Döblin ist übrigens im Alter von fünfundsechzig Jahren recht unerwartet Katholik geworden, das haben ihm viele seiner

Schriftstellerkollegen bitter angekreidet und sich von ihm abgewandt.

Als ich mein erstes Sozialhilfegeld bekommen hatte, saß ich in einem Kaffeehausgarten und trank Tee. Es erschien der verhärmte kleine Bursche, der immer kam, der stets vor den Leuten auf die Knie fiel, um sie mit verzerrtem Gesicht und gefalteten Händen um einen Euro anzubetteln.

Ich dachte: »Wenn Du bei mir angekommen bist, Stinker, dann wirst Du diesmal nicht auf die Knie fallen. Du wirst mich einmal einfach geradestehend ansehen und sagen, dass Du einen Zehner brauchst – und Du wirst verdammt staunen, weil ich Dir einen Fünfziger geben werde.«

Er kam, knickte vor mir ein und hob, um seinen Euro jammernd, flehend die Hände. So wurde es wieder nur eine Zigarette. Sinnträchtige Anekdote? Wohl eher nicht, ich hätte schließlich auch reden können, statt zu denken.

Was man als nützlichste Erfahrung mitnimmt, von Draußen nach Drinnen? Als Schlüsselerlebnisse, an die man sich nutzbringend erinnern kann? Wohl nur, dass man wirklich keine Angst mehr haben muss, um die Dinge. Dass es nicht nur gehört oder gelesen werden muss, dass es ganz, ganz bestimmt auch ohne das alles geht, sondern dass man es erfahren, erleben kann.

Dass einen nur dadurch, durch die echte, persönliche Erfahrung, die Mauern, Möbel, Mercedes und die Leute, die mit solchen Sachen schachern, nicht mehr verunsichern können.

Mit meiner Wohnung habe ich ein Geschäft. Die Geschäftsbedingungen sind sehr einfach, sie lauten: »Ich kümmere mich genauso um Dich, wie Du Dich um mich.« Empfinden Sie das als zu »esoterisch«? Den gleichen Deal wie mit dem Plunder habe ich auch mit dem Geld: »Ich kümmere mich genauso um Dich, wie Du Dich um mich.« Das hat mich, zugegeben, noch nicht reicher gemacht als Sie. Doch ich vermute, dass ich einen uralten, buddhistischen Weisheitsspruch besser verstehe. Er lautet: »Wenn Du innen wie außen reicher werden möchtest – lerne es, das Geldsäckchen anzulächeln.«

Ich versichere Ihnen, es funktioniert! Natürlich darf man sich nicht einfach, wie ich es zuerst getan habe, aus einem alten Waschlappen einen kleinen Sack nähen, den dann mit Kupfermünzen füllen und ihn höhnisch angrinsen. Man darf natürlich auch nicht den ganzen Tag nach dicken, reichen Leuten Ausschau halten und die dann breit angrinsen. Und man darf sich keinesfalls fragen, ob das angelächelte Geldsäckchen etwa zwischen Spott und Zuneigung zu unterscheiden vermag. Nein, das ist ganz anders gemeint, aber da muss jeder selbst durch.

Was ist noch absonderlich an mir? Die Gegenstände in meinem Besitz nenne ich lieber Umstände. Zwischen »gegen mich stehen« und »mich umstehen« finde ich einen großen, bedeutenden Unterschied. Ach ja, und ich übe auch heute noch tapfer weiter, was mir Karl G. – Sie erinnern sich, er ist derzeit unterwegs zur USS Enterprise, um dort Earl Grey mit Captain Jean-Luc Picard zu trinken – einst geraten hat.

»Mach einmal am Tag alles, was Du tust, gefühlte zwanzig Prozent langsamer. Das Atmen, das Zwinkern, das Anheben der Tasse. Auch das Grinsen darüber, wie peinlich das auf Dich oder andere wirken könnte. Alles um zwanzig Prozent langsamer. Eine halbe Stunde lang. Mach's einfach.«

Und immerhin – sollte mich mal jemand fragen: »Wo ham-
sen jedient, Mann?«, dann habe ich einige sehr klare Antworten,
und ich erwarte mindestens, dass der Fragesteller dazu gefälligst
Haltung annimmt.

Hinter vedischen Gardinen

Draußen ist man dem Ende nah

Dass er sich an den eigenen Haaren aus dem Sumpf gezogen hätte, konnte vermutlich noch nie einer erzählen, ohne vor seinen Zuhörern in die Nähe eines bekannten Lügenbarons zu geraten. Was in diesem Zusammenhang mich betrifft, so vermag ich zwei Dinge vorzubringen, die für mich sprechen. Erstens: Ich habe eine Glatze. Und zum Zweiten hatte ich eigentlich nie das Gefühl, mich in einem Sumpf zu befinden. Auch wenn es manchmal mehr als sonderbar roch.

Weshalb alles so gekommen ist? Ich habe mir abgewöhnt, es mir erklären zu wollen. Viele fremde Erklärungen habe ich gehört und gelesen, zu viele, und die meisten davon waren in irgendeiner Weise sehr schlüssig – und widerwärtig denunzierend. Nahe gelegen hätte die Begründung »defizitäres Elternhaus«. Doch es geht nicht, die Ursache dort zu finden, wo selbst die größten Probleme mit Ursachen lagen. Ich habe zu verstehen versucht, dass die Vorfahren ihre eigenen, gar nicht kleinen Probleme mit ihrer Authentizität und ihren Zuordnungen von Drinnen und Draußen haben. Mir ging es irgendwann um den filigranen Unterschied zwischen Benennung und Beschuldigung. Das war ziemlich schwer und hatte viel mit Abschieden und Alleinsein und Disziplin zu tun.

Weshalb alles so gekommen ist? Diese Frage kann ich längst nicht mehr als Vorwurf oder als Klage hören. Zwischen solchen, denen Vergleichbares zu meinen problematischsten Zeiten erspart geblieben ist, und jenen anderen, denen sehr viel Schlimmeres widerfuhr, als ich je erleben musste, habe ich derzeit einen recht unsicheren, aber akzeptierten Platz einnehmen können. Ganz genau genommen ist es der Platz hier, an dieser Schreibmaschine in einer kleinen Wohnung in Pankow.

Nach den Veden ist der Mensch das Vieh der Götter. Wie wir nach unten hin handeln, so werden wir von oben behandelt. Eine Freundin, die mich manchmal besucht, nennt das eine »fromme Arbeitshypothese«. Und sie sagt, dass ich es mit dem »Vedischismus« nicht übertreiben solle. Weil dann immer gleich wer käme, der Achtsamkeit eine Neurose nennt.

Am mühsamsten ist es, die Leute überhaupt zum Sprechen zu bringen. Zwar findet man die Redseligen unter ihnen, welche, die nur darauf lauern, dass einer mit ihnen Augenkontakt aufnimmt, damit sie zu erzählen anfangen können. Aber deren Geschichten bestehen ermüdend oft aus weinerlichen Anklagen, kümmerlichen Lügen und elenden, selbstgerechten Vorträgen – es geht darin fast ausnahmslos um ihr unverschuldetes Elend und die Gemeinheit von Gott und der Welt.

Miguel C., allerdings, der nicht mehr genau weiß, wie alt er ist, sich aber mit ernstem Gesicht zu erinnern meint, dass man ihm bereits kurz nach dem Zweiten Weltkrieg Rente gezahlt habe, meint, eigentlich seien Obdachlose in Deutschland schon seit Langem Obdachlose im Paradies, und er sei ein Engel.

Ist das noch ein Geist oder schon einer von den grausamen Dämonen, die es ja angeblich nicht wirklich gibt, der den völlig verdreckten Mann dort inmitten von bunten, gepflegten, Eis essenden Touristen von Abfallkorb zu Abfallkorb begleitet, wo er sich heiß gewordene Saftschachteln herausangelt und die Reste ausschlürft?

Und wenn es noch ein Geist ist, der einen solchen Körper seine Wohnstatt nennt – ist er dann krank, verwirrt oder böse und voller Hass?

Was soll ich jetzt ganz konkret tun? Aufstehen, hinübergehen und ihm einen Zehner in die Hand drücken? Wann entscheiden wir, ob sich etwas lohnt? Was sind unsere persönlichen Kriterien von Geben und Nehmen, wann sind wir noch gut, obwohl wir abwinken, ab wann ist es legitim, wegzusehen und lieber der jungen Frau dort hinterherzusehen?

So viele Maßstäbe, so viele Behauptungen über Toleranzgrenzen, Reizschwellen, die Angemessenheit von Mitgefühl. Ein paar heilig genannte Sprüche aus längst versunkener Zeit: Lass Dich im Glück nicht fortreißen und sei im Elend duldsam. Sei den Ärmsten gegenüber duldsamer als ein Baum und demütiger als das Gras.

Möchte ich neben der Alten, die gleich kommen und mit rau fordernder Stimme nach etwas Kleingeld oder wenigstens einer Spende für den hoffnungslos glotzenden Hund fragen wird, wie jeden Tag, wie jede Viertelstunde, weil sie hier seit Jahren ihre Bettelrunden um zwei Häuserblocks zieht, morgens um vier aufwachen?

Was antwortet man einem Bettler, zu dem man gesagt hat: »Nun setz Dich erst mal hin hier und trink ganz in Ruhe einen

Kaffee, keine Sorge, ich bezahle das«, der dann der Kellnerin: »Das hat aber gedauert, Fotze!« hinterdrein murmelt und nach dem ersten Schluck auf den Papierkorbwühler drüben auf der anderen Straßenseite deutet und sagt: »Sowas wie der da und die ganzen Zuzügler, mit denen müsste man's machen wie Adolf, oder?! Die Uhr sieht jut aus, brauchste die noch?«.

Bei so vielen scheint es, als wenn sie nach ihren erfolglosen Besuchen bei den politischen Anschauungen, den Religionen, der Liebe, sich selbst noch in der Wohnung des Wahnsinns daneben benommen hatten und hinauskomplimentiert worden waren. Krachende, traumlose Realität, keinerlei Entgegenkommen mehr, letzte Gottheit: die Zeit.

Nicht etwa jene Zeit, die alle Wunden heilt, nicht die, mit welcher guter Rat kommt, keine, die sich ändert. Nur noch die, die nicht vergeht. Nirgendwo mehr Freundlichkeit oder Verständnis, stattdessen langsame, präzise Zersetzung, das Materielle und das Spirituelle zwei Mühlsteine, zwischen denen es sich nicht einmal mehr gut spazieren gehen lässt.

Man könnte mit guter Laune schöne Geschichten über das Draußen erfinden, aber es gibt sie nicht, die Action des Draußen. Nirgendwo. Wer sie gefunden zu haben behauptet – trauen Sie ihm fortan nie wieder. Draußen in der Echtzeit, jenseits von Geburtsurkunde, mietpflichtigem Dach, Zeitgeist und »umstandsabhängiger Intelligenz«, gibt es ganz sicher keine Romangestalten außer einem selbst. Und damit sind wir beim letzten Kapitel, bei dem, das mir am schwersten fallen dürfte.

Etwas über mich zu schreiben, als eine Art »Klammer« zum Anfang, empfand ich eher als Klemme.

Was hat mir das Draußen mit all seinem Leid, mit all seiner Verwirrung, Gemeinheit, Schönheit, Plötzlichkeit, Tragik wirklich gebracht? Dieses ganze Elend, diese Schrecken, Schmerzen, Verirrungen, Verzweiflungen und Ängste haben mir den Humor gebracht. Einen schönen, einen, den ich selbst oft erst dann bemerke, wenn Leute auf eine gewisse, achtungsvolle und rücksichtsvolle Weise lächeln, wenn ich rede.

Ich sitze heute an derselben Stelle, wo ich auch in meinen finstersten Zeiten gesessen habe, fünfzehn Jahre lang, Tag für Tag und oft an den Abenden. Immer noch ist es der Straßengarten dieses großen, bedeutungslosen Kaffeehauses am Berliner Hackeschen Markt. Keine zwei Minuten kann man dort inzwischen sitzen, ohne dass jemand eine Obdachlosenzeitung verkaufen will, eine Spende oder die leere Cola-Flasche auf dem Tisch haben will, nach einer Zigarette fragt.

Das Servierpersonal hat meinen Aufstieg miterleben können. Von der Zeit an, als ich drüben in der Universität leere Brauseflaschen einsammelte, sie gegenüber bei Edeka abgab und mir dann hier die Tasse Kaffee leistete, vor der ich stundenlang saß, bis heute. Inzwischen schmunzeln sie alle, wenn ich mich auf meinem Fahrrad nähere.

Wenn ich mich an »mein« Tischchen – immer dasselbe – setze, erscheinen zeitgleich ein Kaffee und ein Wasserglas vor mir. Neue Kellner wurden in der Regel bereits eingeweiht und lächeln wissend, wenn sie mir unaufgefordert Tasse und Glas hinstellen. Und wenn ich ausnahmsweise einmal einen Saft oder eine Cola trinken möchte, erkundigen sie sich besorgt nach meinem Befinden. Manche geben mir Eiswürfel und ein

Pfefferminzblatt ins Leitungswasserglas zum Kaffee, und ich zeige dazu mein übliches, verächtliches Gesicht und freue mich vor mich hin.

Hier habe ich auch damals schon gesessen, ganz damals, lange bevor das alles losging mit dem Draußen. Da war hier noch ein HO-Gebrauchtwarenladen. Die Wohnung über dem Kaffeehaus gehörte einem Bekannten, sie war so groß, dass man darin Rollschuhe hätte fahren können. Fünf Zimmer, eine riesige Küche und ein großes Bad, sie kostete monatlich einhundertzwanzig Mark der DDR Miete. In dem Start-up-Loft, zu dem die Wohnung inzwischen umgebaut wurde, kostet die monatliche Miete derzeit fünftausendneunhundert Euro, ich habe mich erkundigt. Rechnete man diese Entwicklung im Verhältnis zu einer Tasse Kaffee, käme man auf etwa achtzehn Euro – das zahlt man in Stockholm für eine Tasse Kaffee in einem Kaffeehausgarten ohne Wimpernzucken. Sahne extra.

Was konnten die Servierer sehen? Sauberer wurden meine Hemden mit den Jahren, auch mein Gesicht, meine Fingernägel vor allem. Etwas kürzer gerieten die Abstände, in denen ich mir den nächsten Kaffee bestellen konnte. Meine Pfeife, die ich rauche, ist nun nicht mehr aus polnischem Vorgartenkirschholz, sondern aus südfranzösischer Bruyèrewurzel, und gegen das Aroma meines Tabaks schieben sie inzwischen nicht mehr mit vorwurfsvollen Mienen die Kaffeehaustür zu oder rufen entsetzt: »Verbrennen Sie da alte Sandalen?!«

Meine am rechten Glas gesprungene, gnadenlos preiswerte Saddam-Hussein-Brille, vor der sich die kleinen Mädchen fürchten, ist zwei unauffälligen, randlosen Ovalen mit einem ganz leichten, auf der Nase gar nicht merkbaren, Gestell gewichen.

Ich habe auch einen Trick gefunden, durch den ich meine Fünfunddreißig-Euro-Wildlederschuhe aus dem LIDL aussehen lassen kann wie Achthundert-Euro-Sonderanfertigungen von Budapester.

Ich schreibe auch nicht mehr mit Bleistiftstummeln oder mit Faserstiften, in die man hinten hineinspucken muss, damit sie noch ein bisschen funktionieren, und nicht mehr auf den weißen Rückseiten geklauter Schokoladentafeln, auf Rechnungsblocks, gespendet von den Kellnerinnen, oder auf dem Geschäftspapier pleitegegangener Firmen, das ich mir aus Müllcontainern holte, sondern auf einem kleinen Pad, dessen letzte Raten ich demnächst hoffentlich abbezahlen werde.

Und mein uraltes Fahrrad hat jetzt einen schicken, kleinen Rückspiegel mit eingelassener Lupe, in dem ich alle Straßenbahnen, die hinter mir wütend klingeln, weil ich so langsam fahre, drei Mal mächtiger sehe, als sie es wirklich sind.

Am besten fände ich es ja, wenn Sie so langsam lesen würden, wie ich geschrieben habe. Dass Sie immer dann mit dem Lesen aufhören, wenn ich beim Schreiben unterbrochen wurde, wäre sicher etwas zu viel verlangt. Ein Beispiel? Warum das neue Notebook aus dem Versandhandel? Mit meinem alten Laptop saß ich wie üblich am alten Platz, im Vorgarten eines Kaffeehauses am Hackeschen Markt. Neben mir saß seit einer halben Stunde ein freundliches, junges, äußerst gepflegt wirkendes Pärchen, das intelligent und unaufdringlich miteinander scherzte. Ich fragte sie, ob ich mich einmal kurz zu den Waschräumen verabschieden dürfe und sie währenddessen einen Blick auf meine Sachen werfen würden. Gern doch, erwiderten sie, kein Problem. Das hatte ich schon oft so gemacht. Ich dachte wirklich, ich hätte inzwischen einen sicheren Blick für sowas. Diesmal nicht. Das Pärchen hatte, als ich wieder herauskam, nicht nur Notebook, Tasche und Jacke mitgenommen, sondern sogar noch meinen Kaffee ausgetrunken. Darüber wäre ich vor Lachen fast geplatzt.

Gut, eine Sicherungskopie hatte ich auf dem Schreibtisch, aber etwa vierzig Seiten waren gemeinsam mit dem netten Paar verschwunden.

Wirklich geändert hat sich bei mir: nichts. Immer noch fülle ich täglich meine Seiten, werfe allabendlich zwei Drittel davon weg und verfluche das übrigbleibende Drittel. Und die winzige Wohnung in Pankow, in der ich schlafe und meine kleinen Rituale vollziehe, die andere nur zu gern Neurosen nennen würden, sie ist nur wenige hundert Meter von den Dachböden, Treppenabsätzen und Kellerlöchern entfernt, wo ich viele Jahre lang hauste.

Was mir tatsächlich geholfen hat? Vielleicht, dass ich nie an den Erfolg der Bitte glauben wollte. Dass betteln, bitten, beten für mich keine akzeptablen Optionen wurden, jedenfalls nicht für mich selbst.

Zugegeben, ich weiß, ebenso wie der hundertvierzigjährige Miguel C., ebenfalls nicht genau, wie alt ich bin. Es gibt darüber zwar einige Meinungen, man druckte mir eine davon auch in den Personalausweis, aber nun, man druckt so viel, und der Meinungen sind es unzählige. Was sollte sich schon noch verändern, für mich?

Ich trug immer weiter dieses Buch »Berlin Alexanderplatz« durch diese unzähligen Meinungen hindurch mit mir herum, keine Ahnung eigentlich, weshalb. Vielleicht, weil immer wieder darin zu lesen, immer noch beruhigender war, als auf das zu hören, was sich die Leute so erzählten, an diesem Alexanderplatz, wo ich oft saß, wo rings um mich herum geschäftiges Volk zur Arbeit hetzte, wo die Menschen ihre mühselig gehamsterte Beute in den Bau schleppten und auch sonst möglichst unsinnige Sachen machten, um sich von ihrer raschen Sterblichkeit abzulenken, ein jeder auf seine Art.

Während des Lesens war ich eigentlich keinen Zentimeter von diesem anderen Alexanderplatz, dem aus dem Buch von 1928, entfernt. Der Ort war ganz derselbe geblieben, auch die Umstände ähnelten sich geradezu fatal. Und der Raum war ebenfalls unverändert – wenngleich ein paar pingelige Astrophysiker hier widersprechen mögen. Einzig die Zeit, die war eine andere geworden.

Da fiel mir wieder ein, dass ich als Kind meinen Tom Sawyer unbedingt einmal am Ufer des Mississippi – den ich inzwischen immerhin richtig schreiben kann – lesen wollte.

»Alex am Alex«, das hatte Effekt und ergab Sinn. Also dachte ich mir, das könne man dann auch gleich mehreren Leuten vorlesen. Ich nahm mir vor, den gesamten fetten Döblin-Roman am Ort seines Geschehens vorzutragen – laut. Und damit gerieten die Dinge plötzlich in Bewegung.

Ich erzählte einer Frau vom Arbeitsamt von meiner Idee, die mir gemeinsam mit zwei Kolleginnen beim Ausfüllen der Papiere half. Von der ersten Unterschrift dort bis zu jener auf einem Mietvertrag dauert es in Deutschland nicht einmal eine Woche. Bald saß ich in einer kleinen Wohnung und hatte einen Briefkasten.

Dann spazierte ich über den Alexanderplatz – den Alex – und erzählte in allen Geschäften, Hotels und Firmen von meinem

Vorhaben. Innerhalb von sechs Wochen hatte ich einhundert Sponsoren, eine Bühne und einen Regierenden Bürgermeister als Schirmherrn. Das Hotel am Platz spendierte für meine auswärtigen Darsteller so viele Hotelzimmer, dass ich auch einigen Wohnungslosen einen Monat lang viel Freude machen konnte. Sagen Sie es nicht weiter. Auch nicht, dass ich mit Zeitmaschinen-Hotte täglich im Restaurant oben auf dem Fernsehturm dinierte – ein Sponsoring der Turmgesellschaft für meine Darsteller.

Am Ende waren es neunundzwanzig Leute, vom Lufthansa-Manager bis zum Obdachlosen. Sie lasen neunundzwanzig Nachmittage lang »Alexanderplatz« am Alexanderplatz vor Berliner Publikum. Das Radio, die Presse, der Bürgermeister, tausende Berliner und Stadtgäste, alle mochten uns, und wir mochten sie. Noch heute schreibt man mir, ob wir das nicht irgendwann wiederholen möchten.

Wie bitte? Nicht ich selbst, sondern Irrenarzt Döblin soll mich also aus dem Sumpf gezerrt haben? Was für ein Unsinn! Sowas sollen die Toten können, mit ihrem Gekritzele, mit ein paar Buchstaben aus längst vergangener Zeit? Das ist aber wirklich an den Haaren herbeigezogen, finden Sie nicht? Es muss natürlich irgendetwas anderes gewesen sein, etwas Mystisches, eine Wendung des allgewaltigen Schicksals.

Wie auch immer, ich kann es nicht erklären. Ich denke, was ich schon eingangs sagte: Es war nötig. Ich habe wirklich wochenlang gezweifelt, ob man das Thema »Draußen« überhaupt vermitteln kann oder ob es eigentlich nur selbst erlebt werden kann.

Dieser Versuch, vom Draußen zu berichten, soll nicht als Erfolgsgeschichte enden. Obschon ich nunmehr von schützenden Wänden umgeben bin und verhältnismäßig unangestrengt einem Regelmaß folgen kann, ahne ich, dass es bis nach wirklich Drinnen und Oben ein sehr weiter Weg sein könnte. Den beiden eingangs erwähnten Dämonen – der Heimatlosigkeit und der Geisteskrankheit – wirklich ein dauerhaftes Schnippchen zu schlagen, dazu bedarf es mehr.

Für mich ist das zuerst der Willen, weder das Unten noch das Draußen zu kompromittieren. Und es gehören für mich Gewissheiten und kleine, unauffällige Ermutigungen dazu, an die ich mich immer wieder neu zu erinnern habe. Doch sobald ich mich ermutigen möchte, fallen mir fast immer nur die unzähligen klugen Sätze, Sprüche, Aphorismen, Warnungen, Weisheiten und Ratschläge ein, die wir alle längst gehört oder gelesen haben.

Also: Überraschend neu wird es ganz sicher nicht sein, womit ich jetzt ende. Vielleicht klingt es aber wenigstens etwas anders, und das wäre doch auch schon was: Ich meine, Unterhaltung ist Unterhalt, und gute Unterhaltung sollte zu gutem Unterhalt führen, für jeden von uns. Bitte akzeptieren Sie meinen Versuch und Wunsch, Sie einigermaßen gut unterhalten zu haben.

Und, wenn Sie gestatten, Sie von Drinnen und auch Ihr von Draußen: Habt gefälligst nicht alle so einen elenden Schiss voreinander!